OEUVRES

DE

J.-B. POQUELIN

DE MOLIÈRE.

TOME PREMIER.

PARIS
FÉLIX LOCQUIN, IMPRIMEUR,
16, RUE NOTRE-DAME DES VICTOIRES.

1843

OEUVRES

DE

MOLIÈRE.

Imprimerie de F. LOCQUIN, 16, rue N.-D. des Victoires.

ŒUVRES

DE

J.-B. POQUELIN

DE MOLIÈRE

TOME PREMIER.

PARIS

FELIX LOCQUIN, IMPRIMEUR,
16, RUE NOTRE-DAME DES VICTOIRES, PRÈS LA BOURSE.

1842

VIE DE MOLIÈRE

PAR VOLTAIRE.

Le goût de bien des lecteurs pour choses frivoles, et l'envie de faire un volume de ce qui ne devrait remplir que peu de pages, sont cause que l'histoire des hommes célèbres est presque toujours gâtée par des détails inutiles et des contes populaires aussi faux qu'insipides. On y ajoute souvent des critiques injustes de leurs ouvrages. C'est ce qui est arrivé dans l'édition de Racine faite à Paris en 1728. On tâchera d'éviter cet écueil dans cette courte histoire de la vie de Molière: on ne dira de sa propre personne que ce qu'on a cru vrai et digne d'être rapporté; et on ne hasardera sur ses ouvrages rien qui soit contraire au sentiment du public éclairé.

Jean-Baptiste Poquelin naquit à Paris en 1620 dans une maison qui subsiste encore sous les piliers des halles. Son père, Jean-Baptiste Poquelin, valet de chambre tapissier chez le roi, marchand fripier, et Anne Boutet sa mère, lui donnèrent une éducation trop conforme à leur état, auquel ils le destinaient: il resta jusqu'à quatorze ans dans leur boutique, n'ayant rien appris, entre son métier, qu'un peu à lire et à écrire. Ses parents obtinrent pour lui la survivance de leur charge chez le roi; mais son génie l'appelait ailleurs. On a remarqué que presque tous ceux qui se sont fait un nom dans les beaux-arts les ont cultivés malgré leurs parents, et que la nature a toujours été en eux plus forte que l'éducation.

Poquelin avait un grand-père qui aimait la comédie, et qui le menait quelquefois à l'hôtel de Bourgogne. Le jeune homme sentit bientôt une aversion invincible pour sa profession. Son goût pour l'étude se développa ; il pressa son grand-père d'obtenir qu'on le mît au collège, et il arracha enfin le consentement de son père, qui le mit dans une pension, et l'envoya externe aux Jésuites, avec la répugnance d'un bourgeois qui croyait la fortune de son fils perdue s'il étudiait.

Le jeune Poquelin fit au collège les progrès qu'on devait attendre de son empressement à y entrer. Il y étudia cinq années ; il y suivit le cours des classes d'Armand de Bourbon, premier prince de Conti, qui depuis fut le protecteur des lettres et de Molière.

Il y avait alors dans ce collège deux enfants qui eurent depuis beaucoup de réputation dans le monde. C'étaient Chapelle et Bernier : celui-ci, connu par ses voyages aux Indes ; et l'autre, célèbre par quelques vers naturels et aisés, qui lui ont fait d'autant plus de réputation, qu'il ne rechercha pas celle d'auteur.

L'Huillier, homme de fortune, prenait un soin singulier de l'éducation du jeune Chapelle, son fils naturel ; et, pour lui donner de l'émulation, il faisait étudier avec lui le jeune Bernier, dont les parents étaient mal à leur aise. Au lieu même de donner à son fils naturel un précepteur ordinaire et pris au hasard comme tant de pères en usent avec un fils légitime qui doit porter leur nom, il engagea le célèbre Gassendi à se charger de l'instruire.

Gassendi ayant démêlé de bonne heure le génie de Poquelin, l'associa aux études de Chapelle et de Bernier. Jamais plus illustre maître n'eut de plus dignes disciples. Il leur enseigna sa philosophie d'Épicure, qui, quoique aussi fausse que les autres, avait au moins plus de méthode et plus de vraisemblance que celle de l'école, et n'en avait pas la barbarie.

Poquelin continua de s'instruire sous Gassendi. Au sortir du collège il reçut de ce philosophe les principes d'une morale plus utile que sa physique, et il s'écarta rarement de ces principes dans le cours de sa vie.

Son père étant devenu infirme et incapable de servir, il fut obligé d'exercer les fonctions de son emploi auprès du roi. Il suivit Louis XIII dans Paris. Sa passion pour la comédie, qui l'avait déterminé à faire ses études, se réveilla avec force.

Le théâtre commençait à fleurir alors: cette partie des belles-lettres, si méprisée quand elle est médiocre, contribue à la gloire d'un état quand elle est perfectionnée.

Avant l'année 1625 il n'y avait point de comédiens fixes à Paris. Quelques farceurs allaient, comme en Italie, de ville en ville; ils jouaient les pièces de Hardy, de Montchrétien, ou de Baltazar Baro. Ces auteurs leur vendaient leurs ouvrages dix écus pièce.

Pierre Corneille tira le théâtre de la barbarie et de l'avilissement vers l'année 1630. Ses premières comédies, qui étaient aussi bonnes pour son siècle qu'elles sont mauvaises pour le nôtre, furent cause qu'une troupe de comédiens s'établit à Paris. Bientôt après, la passion du cardinal de Richelieu pour les spectacles mit le goût de la comédie à la mode; et il y avait plus de sociétés particulières qui représentaient alors, que nous n'en voyons aujourd'hui.

Poquelin s'associa avec quelques jeunes gens qui avaient du talent pour la déclamation; ils jouaient au faubourg Saint-Germain et au quartier Saint-Paul. Cette société éclipsa bientôt toutes les autres; on l'appela *l'illustre théâtre*. On voit par une tragédie de ce temps-là, intitulée *Artaxerce*, d'un nommé Magnon, et imprimée en 1645, qu'elle fut représentée sur l'illustre théâtre.

Ce fut alors que Poquelin, sentant son génie, se résolut de s'y livrer tout entier, d'être à la fois comédien et auteur, et de tirer de ses talents de l'utilité et de la gloire.

On sait que, chez les Athéniens, les auteurs jouaient souvent dans leurs pièces, et qu'ils n'étaient point déshonorés pour parler avec grace en public devant leurs concitoyens. Il fut plus encouragé par cette idée, que retenu par les préjugés de son siècle. Il prit le nom de *Molière;* et il ne fit, en changeant de nom, que suivre l'exemple des comédiens d'Italie et de ceux de l'hôtel de Bourgogne. L'un, dont le nom de famille était

Legrand, s'appelait Belleville dans la tragédie, et Turlupin dans la farce; d'où vient le mot *turlupinade*. Hugues Guéret était connu dans les pièces sérieuses sous le nom de Fléchelles; dans la farce il jouait toujours un certain rôle qu'on appelait Gautier-Garguille. De même Arlequin et Scaramouche n'étaient connus que sous ce nom de théâtre. Il y avait déjà eu un comédien appelé Molière, auteur de la tragédie de *Polixène*.

Le nouveau Molière fut ignoré pendant tout le temps que durèrent les guerres civiles en France : il employa ces années à cultiver son talent et à préparer quelques pièces. Il avait fait un recueil de scènes italiennes, dont il faisait de petites comédies pour les provinces. Ces premiers essais très informes tenaient plus du mauvais théâtre italien où il les avait pris, que de son génie, qui n'avait pas eu encore l'occasion de se développer tout entier. Le génie s'étend et se resserre par tout ce qui nous environne. Il fit donc pour la province *le Docteur amoureux*, *les trois Docteurs rivaux*, *le Maître d'école*, ouvrages dont il ne reste que le titre. Quelques curieux ont conservé deux pièces de Molière dans ce genre; l'une est *le Médecin volant*, et l'autre *la Jalousie de Barbouillé*. Elles sont en prose et écrites en entier. Il y a quelques phrases et quelques incidents de la première qui nous sont conservés dans *le Médecin malgré lui;* et on trouve dans *la Jalousie de Barbouillé* un canevas, quoique informe, du troisième acte de *Georges-Dandin*.

La première pièce régulière en cinq actes qu'il composa fut *l'Étourdi*. Il représenta cette comédie à Lyon en 1653. Il y avait dans cette ville une troupe de comédiens de campagne, qui fut abandonnée dès que celle de Molière parut.

Quelques acteurs de cette ancienne troupe se joignirent à Molière; et il partit de Lyon pour les états de Languedoc avec une troupe assez complète, composée principalement de deux frères nommés Gros-René, de Duparc, d'un pâtissier de la rue Saint-Honoré, de la Duparc, de la Béjart, et de la de Brie.

Le prince de Conti, qui tenait les états de Languedoc à Béziers, se souvint de Molière, qu'il avait vu au collège, il lui donna une protection distinguée. Il joua devant lui *l'Etourdi, le Dépit amoureux, et les Précieuses ridicules.*

Cette petite pièce des *Précieuses*, faite en province, prouve assez que son auteur n'avait eu en vue que les ridicules des provinciales ; mais il se trouva depuis que l'ouvrage pouvait corriger et la cour et la ville.

Molière avait alors trente-quatre ans ; c'est l'âge où Corneille fit le Cid. Il est bien difficile de réussir avant cet âge dans le genre dramatique, qui exige la connaissance du monde et du cœur humain.

On prétend que le prince de Conti voulut alors faire Molière son secrétaire, et qu'heureusement pour la gloire du Théâtre-Français Molière eut le courage de préférer son talent à un poste honorable. Si ce fait est vrai, il fait également honneur au prince et au comédien.

Après avoir couru quelque temps toutes les provinces, et avoir joué à Grenoble, à Lyon, à Rouen, il vint enfin à Paris en 1658. Le prince de Conti lui donna accès auprès de Monsieur, frère unique du roi Louis XIV. Monsieur le présenta au roi et à la reine mère. Sa troupe et lui representèrent la même année devant leurs majestés, la tragédie de *Nicomède* sur un théâtre élevé par ordre du roi dans la salle des gardes du vieux Louvre.

Il y avait depuis quelque temps des comédiens établis à l'hôtel de Bourgogne. Ces comédiens assistèrent au début de la nouvelle troupe. Molière, après la représentation de Nicomède, s'avança sur le bord du théâtre, et prit la liberté de faire au roi un discours, par lequel il remerciait sa majesté de son indulgence, et louait adroitement les comédiens de l'hôtel de Bourgogne, dont il devait craindre la jalousie : il finit en demandant la permission de donner une pièce d'un acte qu'il avait jouée en province.

La mode de représenter ces petites farces après de grandes pièces était perdu à l'hôtel de Bourgogne. Le roi agréa l'offre de Molière, et l'on joua dans l'instant *le Docteur amoureux*. Depuis ce temps l'usage a toujours continué de donner de ces pièces d'un acte ou de trois, après les pièces de cinq.

On permit à la troupe de Molière de s'établir à Paris. Ils s'y fixèrent, et partagèrent le théâtre du Petit-Bourbon avec les comédiens italiens qui en étaient en possession depuis quelques années.

La troupe de Molière jouait sur le théâtre les mardis, les jeudis et les samedis, et les Italiens les autres jours.

La troupe de l'hôtel de Bourgogne ne jouait aussi que trois fois la semaine, excepté lorsqu'il y avait des pièces nouvelles.

Dès lors la troupe de Molière prit le titre de *la troupe de Monsieur, qui était son protecteur*. Deux ans après, en 1660, il leur accorda la salle du Palais-Royal. Le cardinal de Richelieu l'avait fait bâtir pour la représentation de *Mirame*, tragédie dans laquelle ce ministre avait composé plus de cinq cents vers. Cette salle est aussi mal construite que la pièce pour laquelle elle fut bâtie : et je suis obligé de remarquer, à cette occasion, que nous n'avons aujourd'hui aucun théâtre supportable ; c'est une barbarie gothique que les Italiens nous reprochent avec raison. Les bonnes pièces sont en France, et les belles salles en Italie.

La troupe de Molière eut la jouissance de cette salle jusqu'à la mort de son chef. Elle fut alors accordée à ceux qui eurent le privilège de l'Opéra, quoique ce vaisseau fût moins propre encore pour le chant que pour la déclamation.

Depuis l'an 1658 jusqu'en 1673, c'est à dire en quinze années de temps, il donna toutes ses pièces, qui sont au nombre de trente. Il voulut jouer dans le tragique ; mais il n'y réussit pas ; il avait une volubilité dans la voix, et une espèce de hoquet qui ne pouvait convenir au genre sérieux, mais qui rendait son jeu comique plus plaisant. La femme d'un des meilleurs comédiens que nous ayons eu a donné ce portrait-ci de Molière :

« Il n'était ni trop gras, ni trop maigre; il avait la
« taille plus grande que petite, le port noble, la jambe
« belle; il marchait gravement, avait l'air très sé-
« rieux, le nez gros, la bouche grande, les lèvres épais-
« ses, le teint brun, les sourcils noirs et forts, et les
« divers mouvements qu'il leur donnait lui rendaient
« la physionomie extrêmement comique. A l'égard
« de son caractère, il était doux, complaisant, géné-
« reux; il aimait fort à haranguer; et quand il lisait
« ses pièces aux comédiens, il voulait qu'ils y ame-
« nassent leurs enfants pour tirer des conjectures de
« leur mouvement naturel. »

Molière se fit dans Paris un très grand nombre de partisans, et presque autant d'ennemis. Il accoutuma le public, en lui faisant connaître la bonne comédie, à le juger lui-même très sévèrement. Les mêmes spectateurs qui applaudissaient aux pièces médiocres des autres auteurs, relevaient les moindres défauts de Molière avec aigreur. Les hommes jugent de nous par l'attente qu'ils en ont conçue; et le moindre défaut d'un auteur célèbre, joint avec les malignités du public, suffit pour faire tomber un bon ouvrage: Voilà pourquoi *Britannicus* et les *Plaideurs* de M. Racine furent si mal reçus; voilà pourquoi l'*Avare*, le *Misanthrope*, les *Femmes savantes*, l'*École des femmes*, n'eurent d'abord aucun succès.

Louis XIV, qui avait un goût naturel et l'esprit très juste, sans l'avoir cultivé, ramena souvent par son approbation la cour et la ville, aux pièces de Molière. Il eût été plus honorable pour la nation de n'avoir pas besoin des décisions de son maître pour bien juger. Molière eut des ennemis cruels, surtout les mauvais auteurs du temps, leurs protecteurs et leurs cabales : ils suscitèrent contre lui les dévots; on lui imputa des livres scandaleux; on l'accusa d'avoir joué des hommes puissants, tandis qu'il n'avait joué que les vices en général; et il eût succombé sous ces accusations, si ce même roi qui encouragea et qui soutint Racine et Despréaux n'eût pas aussi protégé Molière.

Il n'eut, à la vérité, qu'une pension de mille livres,

et sa troupe n'en eut qu'une de sept. La fortune qu'il fit par le succès de ses ouvrages le mit en état de n'avoir rien de plus à souhaiter : ce qu'il retirait du théâtre, avec ce qu'il avait placé, allait à trente mille livres de rente, somme qui, en ce temps-là, faisait presque le double de la valeur réelle de pareille somme d'aujourd'hui.

Le crédit qu'il avait auprès du roi paraît assez par le canonicat qu'il obtint pour le fils de son médecin. Ce médecin s'appelait Mauvilain. Tout le monde sait qu'étant un jour au dîner du roi : « Vous avez un « médecin, dit le roi à Molière, que vous fait-il? Sire, « répondit Molière, nous causons ensemble ; il m'or-« donne des remèdes, je ne les fais point, et je guéris. »

Il faisait de son bien un usage noble et sage : il recevait chez lui les hommes de la meilleure compagnie, les Chapelle, les Jonsac, les Desbarreaux, etc., qui joignaient la volupté à la philosophie. Il avait une maison de campagne à Auteuil, où il se délassait souvent avec eux des fatigues de sa profession, qui sont bien plus grandes qu'on ne pense. Le maréchal de Vivonne, connu par son esprit et par son amitié pour Despréaux, allait souvent chez Molière, et vivait avec lui comme Lélius avec Térence. Le grand Condé exigeait de lui qu'il le vînt voir souvent, et disait qu'il trouvait toujours à apprendre dans sa conversation.

Molière employait une partie de son revenu en libéralités qui allaient beaucoup plus loin que ce qu'on appelle dans d'autres hommes des charités. Il encourageait souvent par des présents considérables de jeunes auteurs qui marquaient du talent : c'est peut-être à Molière que la France doit Racine. Il engagea le jeune Racine, qui sortait de Port-Royal, à travailler pour le théâtre dès l'âge de dix-neuf ans. Il lui fit composer la tragédie de *Théagène et Chariclée*; et quoique cette pièce fût trop faible pour être jouée, il fit présent au jeune auteur de cent louis, et lui donna le plan des *Frères ennemis*.

Il n'est peut-être pas inutile de dire qu'environ dans le même temps, c'est à dire en 1661, Racine ayant fait une ode sur le mariage de Louis XIV, M. Colbert lui envoya cent louis au nom du roi.

Il est très triste, pour l'honneur des lettres, que Molière et Racine aient été brouillés depuis; de si grands génies, dont l'un avait été le bienfaiteur de l'autre, devaient être toujours amis.

Il éleva et il forma un autre homme qui, par la supériorité de ses talents et par les dons singuliers qu'il avait reçu de la nature, mérite d'être connu de la postérité. C'était le comédien Baron, qui a été unique dans la tragédie et dans la comédie. Molière en prit soin comme de son propre fils.

Un jour Baron vint lui annoncer qu'un comédien de campagne, que la pauvreté empêchait de se présenter, lui demandait quelque léger secours pour aller joindre sa troupe. Molière, ayant su que c'était un nommé Mondorge, qui avait été son camarade, demanda à Baron combien il croyait qu'il allait lui donner; celui-ci répondit au hasard, quatre pistoles. Donnez-lui quatre pistoles pour moi, lui dit Molière; en voilà vingt qu'il faut que vous lui donniez pour vous. Et il joignit à ce présent celui d'un habit magnifique. Ce sont de petits faits, mais ils peignent le caractère.

Un autre trait mérite plus d'être rapporté. Il venait de donner l'aumône à un pauvre. Un instant après, le pauvre court après lui, et lui dit : Monsieur, vous n'aviez peut-être pas dessein de me donner un louis d'or, je viens vous le rendre. Tiens, mon ami, dit Molière, en voilà un autre. Et il s'écria : Où la vertu va-t-elle se nicher! Exclamation qui peut faire voir qu'il réfléchissait sur tout ce qui se présentait à lui, et qu'il étudiait partout la nature en homme qui la voulait peindre.

Molière, heureux par ses succès et par ses protecteurs, par ses amis et par sa fortune, ne le fut pas dans sa maison. Il avait épousé en 1661 un jeune fille née de la Bejart et d'un gentilhomme nommé Modène. On disait que Molière en était le père : le soin avec lequel on avait répandu cette calomnie fit que plusieurs personnes prirent celui de la réfuter; on prouva que Molière n'avait connu la mère qu'après la naissance de cette fille.

La disproportion d'âge, et les dangers auxquels une comédienne jeune et belle est exposée, rendirent ce mariage malheureux; et Molière, tout philosophe qu'il était d'ailleurs, essuya dans son domestique les dégoûts, les amertumes, et quelquefois les ridicules qu'il avait si souvent joués sur le théâtre. Tant il est vrai que les hommes qui sont au-dessus des autres par les talents s'en rapprochent presque toujours par les faiblesses! Car pourquoi les talents nous mettraient-ils au dessus de l'humanité?

La dernière pièce qu'il composa fut *le Malade imaginaire*. Il y avait quelque temps que sa poitrine était attaquée, et qu'il crachait quelquefois du sang. Le jour de la troisième représentation il se sentit plus incommodé qu'auparavant: on lui conseilla de ne point jouer; mais il voulut faire un effort sur lui-même, et cet effort lui coûta la vie.

Il lui prit une convulsion en prononçant *juro* dans le divertissement de la réception du malade imaginaire. On le rapporta mourant chez lui, rue de Richelieu. Il fut assisté quelques moments par deux de ces sœurs religieuses qui viennent quêter à Paris pendant le carême, et qui logeaient chez lui. Il mourut entre leurs bras, étouffé par le sang qui lui sortait par la bouche, le 17 février 1673, âgé de cinquante-trois ans. Il ne laissa qu'une fille, qui avait beaucoup d'esprit. Sa veuve épousa un comédien nommé Guérin.

Le malheur qu'il eut de ne pouvoir mourir avec les secours de la religion, et la prévention contre la comédie, déterminèrent M. de Harlay de Chauvalon, archevêque de Paris, si connu par ses intrigues galantes, à refuser la sépulture à Molière. Le roi le regrettait, et ce monarque, dont il avait été le domestique et le pensionnaire, eut la bonté de prier l'archevêque de Paris de le faire inhumer dans une église. Le curé de Saint-Eustache, sa paroisse, ne voulut pas s'en charger. La populace, qui ne connaissait dans Molière que le comédien, et qui ignorait qu'il avait été un excellent auteur, un philosophe, un grand homme en son genre, s'attroupa en foule à la porte de sa maison le jour du convoi : sa veuve fut obligée de jeter de l'argent par les fenêtres. Ces misérables, qui auraient, sans savoir pourquoi, troublé l'enterrement, accompagnèrent le corps avec respect.

La difficulté qu'on fit de lui donner la sépulture, et les injustices qu'il avait essuyées pendant sa vie, engagèrent le fameux P. Bouhours à composer cette espèce d'épitaphe qui, de toutes celles qu'on fit pour Molière, est la seule qui mérite d'être rapportée, et la seule qui ne soit pas dans cette fausse et mauvaise histoire qu'on a mise jusqu'ici au-devant de ses ouvrages.

>   Tu réformas et la ville et la cour ;
>   Mais quelle en fut la récompense ?
>   Les Français rougiront un jour
>   De leur peu de reconnaissance.
>   Il leur fallut un comédien
> Qui mit à les polir sa gloire et son étude ;
> Mais, Molière, à ta gloire il ne manquerait rien,
> Si, parmi les défauts que tu peignis si bien,
> Tu les avais repris de leur ingratitude.

Non seulement j'ai omis dans cette vie de Molière les contes populaires touchant Chapelle et ses amis ; mais je me sens obligé de dire que ces contes, adoptés par Grimarest, sont très faux. Le feu duc de Sully, le dernier prince de Vendôme, l'abbé de Chaulieu, qui avaient beaucoup vécu avec Chapelle, m'ont assuré que toutes ces historiettes ne méritaient aucune créance.

L'ÉTOURDI,

ou

LES CONTRETEMPS.

COMÉDIE EN CINQ ACTES.

1653.

PERSONNAGES.

Pandolfe, père de Lélie.
Anselme, père d'Hippolyte.
Trufaldin, vieillard.
Célie, esclave de Trufaldin.
Hippolyte, fille d'Anselme.
Lélie, fils de Pandolfe.
Léandre, fils de famille.
Andrès, cru Égyptien.
Mascarille, valet de Lélie.
Ergaste, ami de Mascarille.
Un Courrier.
Deux Troupes de masques.

La scène est à Messine, dans une place publique.

L'ÉTOURDI,

ou

LES CONTRETEMPS.

ACTE PREMIER.

SCENE I.

LÉLIE.

Hé bien ! Léandre, hé bien ! il faudra contester ;
Nous verrons de nous deux qui pourra l'emporter ;
Qui, dans nos soins communs pour ce jeune miracle,
Aux vœux de son rival portera plus d'obstacle :
Préparez vos efforts, et vous défendez bien,
Sûr que de mon côté je n'épargnerai rien.

SCENE II.

LÉLIE, MASCARILLE.

LÉLIE.

Ah ! Mascarille !

MASCARILLE.

Quoi ?

LÉLIE.

Voici bien des affaires ;
J'ai dans ma passion toutes choses contraires :

Léandre aime Célie, et, par un trait fatal,
Malgré mon changement, est toujours mon rival.

MASCARILLE.

Léandre aime Célie!

LÉLIE.

Il l'adore, te dis-je.

MASCARILLE.

Tant pis!

LÉLIE.

Hé, oui, tant pis; c'est là ce qui m'afflige.
Toutefois j'aurais tort de me désespérer;
Puisque j'ai ton secours, je puis me rassurer;
Je sais que ton esprit, en intrigues fertile,
N'a jamais rien trouvé qui lui fût difficile;
Qu'on te peut appeler le roi des serviteurs;
Et qu'en toute la terre...

MASCARILLE.

Hé! trève de douceurs.
Quand nous faisons besoin, nous autres misérables,
Nous sommes les chéris et les incomparables;
Et dans un autre temps, dès le moindre courroux,
Nous sommes les coquins qu'il faut rouer de coups.

LÉLIE.

Ma foi! tu me fais tort avec cette invective.
Mais enfin discourons un peu de ma captive:
Dis si les plus cruels et plus durs sentiments
Ont rien d'impénétrable à des traits si charmants.
Pour moi, dans ses discours, comme dans son visage,
Je vois pour sa naissance un noble témoignage;
Et je crois que le ciel dedans un rang si bas
Cache son origine, et ne l'en tire pas.

MASCARILLE.

Vous êtes romanesque avecque vos chimères.
Mais que fera Pandolfe en toutes ces affaires?
C'est, monsieur, votre père, au moins à ce qu'il dit:
Vous savez que sa bile assez souvent s'aigrit,
Qu'il peste contre vous d'une belle manière,
Quand vos déportements lui blessent la visière;
Il est avec Anselme en paroles pour vous
Que de son Hippolyte on vous fera l'époux,

S'imaginant que c'est dans le seul mariage
Qu'il pourra rencontrer de quoi vous faire sage;
Et s'il vient à savoir que, rebutant son choix,
D'un objet inconnu vous recevez les lois,
Que de ce fol amour la fatale puissance
Vous soustrait au devoir de votre obéissance,
Dieu sait quelle tempête alors éclatera,
Et de quels beaux sermons on vous régalera.

LÉLIE.

Ah! trêve, je vous prie, à votre rhétorique.

MASCARILLE.

Mais vous, trêve plutôt à votre politique!
Elle n'est pas fort bonne; et vous devriez tâcher....

LÉLIE.

Sais-tu qu'on n'acquiert rien de bon à me fâcher,
Que chez moi les avis ont de tristes salaires,
Qu'un valet conseiller y fait mal ses affaires?

MASCARILLE.

(à part.)   (haut.)

Il se met en courroux. Tout ce que j'en ai dit
N'était rien que pour rire et vous sonder l'esprit.
D'un censeur de plaisirs ai-je fort l'encolure?
Et Mascarille est-il ennemi de nature?
Vous savez le contraire, et qu'il est très certain
Qu'on ne peut me taxer que d'être trop humain.
Moquez-vous des sermons d'un vieux barbon de père;
Poussez votre bidet, vous dis-je, et laissez faire.
Ma foi! j'en suis d'avis, que ces penards chagrins
Nous viennent étourdir de leurs contes badins,
Et, vertueux par force, espérant par envie
Oter aux jeunes gens les plaisirs de la vie.
Vous savez mon talent, je m'offre à vous servir.

LÉLIE.

Ah! c'est par ces discours que tu peux me ravir.
Au reste, mon amour, quand je l'ai fait paraître,
N'a point été mal vu des yeux qui l'ont fait naître;
Mais Léandre, à l'instant vient de me déclarer
Qu'à me ravir Célie il se va préparer:
C'est pourquoi dépêchons, et cherche dans ta tête
Les moyens les plus prompts d'en faire ma conquête.

Trouve ruses, détours, fourbes, inventions,
Pour frustrer un rival de ses prétentions.

MASCARILLE.

Laissez-moi quelque temps rêver à cette affaire.
(à part.)
Que pourrais-je inventer pour ce coup nécessaire?

LÉLIE.

Eh bien! le stratagème?

MASCARILLE.

Ah! comme vous courez!
Ma cervelle toujours marche à pas mesurés.
J'ai trouvé votre fait: il faut... Non, je m'abuse.
Mais si vous alliez...

LÉLIE.

Où?

MASCARILLE.

C'est une faible ruse.
J'en songeais une...

LÉLIE.

Et quelle?

MASCARILLE.

Elle n'irait pas bien.
Mais ne pourriez-vous pas?...

LÉLIE.

Quoi?

MASCARILLE.

Vous ne pourriez rien.
Parlez avec Anselme.

LÉLIE.

Et que lui puis-je dire?

MASCARILLE.

Il est vrai, c'est tomber d'un mal dedans un pire.
Il faut pourtant l'avoir. Allez chez Trufaldin.

LÉLIE.

Que faire?

MASCARILLE.

Je ne sais.

LÉLIE.

C'en est trop à la fin,
Et tu me mets à bout par ces contes frivoles.

MASCARILLE.

Monsieur, si vous aviez en main force pistoles,
Nous n'aurions pas besoin maintenant de rêver
A chercher les biais que nous devons trouver,
Et pourrions, par un prompt achat de cette esclave,
Empêcher qu'un rival nous prévienne et nous brave.
De ces Égyptiens qui la mirent ici,
Trufaldin, qui la garde, est en quelque souci;
Et trouvant son argent qu'ils lui font trop attendre,
Je sais bien qu'il serait très ravi de la vendre:
Car enfin en vrai ladre il a toujours vécu;
Il se ferait fesser pour moins d'un quart d'écu;
Et l'argent est le dieu que surtout il révère.
Mais le mal, c'est...

LÉLIE.

Quoi? c'est...

MASCARILLE.

Que monsieur votre père
Est un autre vilain, qui ne vous laisse pas,
Comme vous voudriez bien, manier ses ducats;
Qu'il n'est point de ressort qui, pour votre ressource,
Pût faire maintenant ouvrir la moindre bourse.
Mais tâchons de parler à Célie un moment,
Pour savoir là-dessus quel est son sentiment;
La fenêtre est ici.

LÉLIE.

Mais Trufaldin, pour elle,
Fait de jour et de nuit exacte sentinelle.
Prends garde.

MASCARILLE.

Dans ce coin demeurons en repos.
O bonheur! la voilà qui paraît à propos.

SCÈNE III.

CÉLIE, LÉLIE, MASCARILLE.

LÉLIE.

Ah! que le ciel m'oblige, en offrant à ma vue
Les célestes attraits dont vous êtes pourvue!

Et, quelque mal cuisant que m'aient causé vos yeux,
Que je prends de plaisir à les voir en ces lieux!

CÉLIE.

Mon cœur, qu'avec raison votre discours étonne,
N'entend pas que mes yeux fassent mal à personne;
Et, si dans quelque chose il vous ont outragé,
Je puis vous assurer que c'est sans mon congé.

LÉLIE.

Ah! leurs coups sont trop beaux pour me faire une in-
Je mets toute ma gloire à chérir ma blessure,   [jure!
Et...

MASCARILLE.

Vous le prenez là d'un ton un peu trop haut;
Ce style maintenant n'est pas ce qu'il nous faut.
Profitons mieux du temps, et sachons vite d'elle
Ce que...

TRUFALDIN, *dans la maison.*

Célie!

MASCARILLE, *à Lélie.*

Eh bien!

LÉLIE.

O rencontre cruelle!
Ce malheureux vieillard devait-il nous troubler?

MASCARILLE.

Allez, retirez-vous; je saurai lui parler.

SCÈNE IV.

TRUFALDIN, CÉLIE, LÉLIE, *retiré dans un coin.*
MASCARILLE.

TRUFALDIN, *à Célie.*

Que faites-vous dehors? et quel soin vous talonne,
Vous à qui je défends de parler à personne?

CÉLIE.

Autrefois j'ai connu cet honnête garçon;
Et vous n'avez pas lieu d'en prendre aucun soupçon.

MASCARILLE.

Est-ce là le seigneur Trufaldin?

CÉLIE.
Oui, lui-même.
Monsieur, je suis tout vôtre, et ma joie est extrême
De pouvoir saluer en toute humilité
Un homme dont le nom est partout si vanté.
TRUFALDIN.
Très humble serviteur.
MASCARILLE.
J'incommode peut-être;
Mais je l'ai vue ailleurs, où m'ayant fait connaître
Les grands talents qu'elle a pour savoir l'avenir,
Je voulais sur un point un peu l'entretenir.
TRUFALDIN.
Quoi! te mêlerais-tu d'un peu de diablerie?
CÉLIE.
Non, tout ce que je sais n'est que blanche magie.
MASCARILLE.
Voici donc ce que c'est. Le maître que je sers
Languit pour un objet qui le tient dans ses fers;
Il aurait bien voulu, du feu qui le dévore,
Pouvoir entretenir la beauté qu'il adore :
Mais un dragon, veillant sur ce rare trésor,
N'a pu, quoi qu'il ait fait, le lui permettre encor;
Et, ce qui plus le gêne et le rend misérable,
Il vient de découvrir un rival redoutable;
Si bien que, pour savoir si ses soins amoureux
Ont sujet d'espérer quelque succès heureux,
Je viens vous consulter, sûr que de votre bouche
Je puis apprendre au vrai le secret qui nous touche.
CÉLIE.
Sous quel astre ton maître a-t-il reçu le jour?
MASCARILLE.
Sous un astre à jamais ne changer son amour.
CÉLIE.
Sans me nommer l'objet pour qui son cœur soupire,
La science que j'ai m'en peut assez instruire.
Cette fille a du cœur, et, dans l'adversité,
Elle sait conserver une noble fierté ;
Elle n'est pas d'humeur à trop faire connaître
Les secrets sentiments qu'en son cœur on fait naître;

Mais je les sais comme elle, et, d'un esprit plus doux,
Je vais en peu de mots vous les découvrir tous.
MASCARILLE.
O merveilleux pouvoir de la vertu magique !
CÉLIE.
Si ton maître en ce point de constance se pique,
Et que la vertu seule anime son dessein,
Qu'il n'appréhende pas de soupirer en vain ;
Il a lieu d'espérer, et le fort qu'il veut prendre
N'est pas sourd aux traités, et voudra bien se rendre.
MASCARILLE.
C'est beaucoup ; mais ce fort dépend d'un gouverneur
Difficile à gagner.
CÉLIE.
C'est là tout le malheur.
MASCARILLE, *à part, regardant Lélie.*
Au diable le fâcheux qui toujours nous éclaire.
CÉLIE.
Je vais vous enseigner ce que vous devez faire.
LÉLIE, *les joignant.*
Cessez, ô Trufaldin, de vous inquiéter ;
C'est par mon ordre seul qu'il vous vient visiter,
Et je vous l'envoyais, ce serviteur fidèle,
Vous offrir mon service, et vous parler pour elle,
Dont je vous veux dans peu payer la liberté,
Pourvu qu'entre nous deux le prix soit arrêté.
MASCARILLE, *à part.*
La peste soit la bête !
TRUFALDIN.
Ho ! ho ! qui des deux croire ?
Ce discours au premier est fort contradictoire,
MASCARILLE.
Monsieur, ce galant homme a le cerveau blessé ;
Ne le savez-vous pas ?
TRUFALDIN.
Je sais ce que je sai.
J'ai crainte ici dessous de quelque manigance.
(*à Célie.*)
Rentrez, et ne prenez jamais cette licence.

Et vous, filous fieffés, ou je me trompe fort,
Mettez, pour me jouer, vos flûtes mieux d'accord.

SCENE V.
LÉLIE, MASCARILLE.

MASCARILLE.

C'est bien fait. Je voudrais qu'encor, sans flatterie,
Il nous eût d'un bâton chargé de compagnie.
A quoi bon se montrer, et comme un étourdi,
Me venir démentir de tout ce que je di?

LÉLIE.

Je pensais faire bien.

MASCARILLE.

Oui, c'était fort l'entendre.
Mais quoi ! cette action ne me doit point surprendre :
Vous êtes si fertile en pareils contretemps,
Que vos écarts d'esprit n'étonnent plus les gens.

LÉLIE.

Ah ! mon Dieu ! pour un rien me voilà bien coupable!
Le mal est-il si grand qu'il soit irréparable ?
Enfin, si tu ne mets Célie entre mes mains,
Songe au moins de Léandre à rompre les desseins;
Qu'il ne puisse acheter avant moi cette belle.
De peur que ma présence encor soit criminelle,
Je te laisse.

MASCARILLE, *seul*.

Fort bien. A dire vrai, l'argent
Serait dans notre affaire un sûr et fort agent ;
Mais, ce ressort manquant, il faut user d'un autre.

SCÈNE VI.
ANSELME, MASCARILLE.

ANSELME.

Par mon chef, c'est un siècle étrange que le nôtre !
J'en suis confus. Jamais tant d'amour pour le bien.
Et jamais tant de peine à retirer le sien !
Les dettes aujourd'hui, quelque soin qu'on emploie.
Sont comme les enfants, que l'on conçoit en joie,

Et dont avecque peine on fait l'accouchement.
L'argent dans une bourse entre agréablement ;
Mais le terme venu que nous devons le rendre,   [dre.
C'est lors que les douleurs commencent à nous pren-
Baste ; ce n'est pas peu que deux mille francs, dus
Depuis deux ans entiers, me soient enfin rendus ;
Encore est-ce un bonheur ?

MASCARILLE, *à part les quatre premiers vers.*

O Dieu ! la belle proie
A tirer en volant ! Chut, il faut que je voie
Si je pourrais un peu de près la caresser.
Je sais bien les discours dont il le faut bercer...
Je viens de voir, Anselme...

ANSELME.

Et qui ?

MASCARILLE.

Votre Nérine.

ANSELME.

Que dit-elle de moi, cette gente assassine ?

MASCARILLE.

Pour vous elle est de flamme.

ANSELME.

Elle ?

MASCARILLE.

Et vous aime tant,
Que c'est grande pitié.

ANSELME.

Que tu me rends content !

MASCARILLE.

Peu s'en faut que d'amour la pauvrette ne meure.
Anselme, mon mignon, crie-t-elle à toute heure,
Quand est-ce que l'hymen unira nos deux cœurs,
Et que tu daigneras éteindre mes ardeurs ?

ANSELME.

Mais pourquoi jusqu'ici me les avoir célées ?
Les filles, par ma foi, sont bien dissimulées !
Mascarille, en effet, qu'en dis-tu ? quoique vieux,
J'ai de la mine encore assez pour plaire aux yeux.

ACTE I, SCENE VI.

MASCARILLE.

Oui, vraiment, ce visage est encor fort mettable;
S'il n'est pas des plus beaux, il est des-agréable.

ANSELME.

Si bien donc...?

MASCARILLE *veut prendre la bourse.*

Si bien donc qu'elle est sotte de vous,
Ne vous regarde plus...

ANSELME.

Quoi?

MASCARILLE.

Que comme un époux;
Et vous veut...

ANSELME.

Et me veut...?

MASCARILLE.

Et vous veut, quoi qu'il tienne,
Prendre la bourse...

ANSELME.

La...?

MASCARILLE *prend la bourse et la laisse tomber.*

La bouche avec la sienne.

ANSELME.

Ah! je t'entends. Viens çà: lorsque tu la verras,
Vante-lui mon mérite autant que tu pourras.

MASCARILLE.

Laissez-moi faire.

ANSELME.

Adieu.

MASCARILLE.

Que le ciel te conduise!

ANSELME, *revenant.*

Ah! vraiment, je faisais une étrange sottise,
Et tu pouvais pour toi m'accuser de froideur.
Je t'engage à servir mon amoureuse ardeur,
Je reçois par ta bouche une bonne nouvelle,
Sans du moindre présent récompenser ton zèle!
Tiens, tu te souviendras...

MASCARILLE.

Ah! non pas, s'il vous plaît.

ANSELME.

Laisse-moi...

MASCARILLE.

Point du tout. J'agis sans intérêt.

ANSELME.

Je le sais; mais pourtant...

MASCARILLE.

Non, Anselme, vous dis-je;
Je suis homme d'honneur, cela me désoblige.

ANSELME.

A dieu donc, Mascarille.

MASCARILLE, *à part.*

O longs discours!

ANSELME, *revenant.*

Je veux
Régaler par tes mains cet objet de mes vœux;
Et je vais te donner de quoi faire pour elle
L'achat de quelque bague, ou telle bagatelle
Que tu trouveras bon.

MASCARILLE.

Non, laissez votre argent :
Sans vous mettre en souci, je ferai le présent;
Et l'on m'a mis en main une bague à la mode,
Qu'après vous payerez, si cela l'accommode.

ANSELME.

Soit; donne-la pour moi : mais surtout fais si bien
Qu'elle garde toujours l'ardeur de me voir sien.

SCENE VII.

LÉLIE, ANSELME, MASCARILLE.

LÉLIE, *ramassant la bourse.*

A qui la bourse?

ANSELME.

Ah! dieux! elle m'était tombée!
Et j'aurais après cru qu'on me l'eût dérobée!
Je vous suis bien tenu de ce soin obligeant, [gent.
Qui m'épargne un grand trouble et me rend mon ar-
Je vais m'en décharger au logis tout à l'heure.

SCENE VIII.
LÉLIE, MASCARILLE.

MASCARILLE.
C'est être officieux, et très fort, ou je meure.
LÉLIE.
Ma foi! sans moi, l'argent était perdu pour lui.
MASCARILLE.
Certes, vous faites rage, et payez aujourd'hui
D'un jugement très rare et d'un bonheur extrême :
Nous avancerons fort, continuez de même.
LÉLIE.
Qu'est-ce donc? Qu'ai-je fait?
MASCARILLE.
Le sot, en bon françois,
Puisque je puis le dire, et qu'enfin je le dois.
Il sait bien l'impuissance où son père le laisse ;
Qu'un rival qu'il doit craindre, étrangement nous presse ;
Cependant, quand je tente un coup pour l'obliger,
Dont je cours moi tout seul la honte et le danger...
LÉLIE.
Quoi! c'était!
MASCARILLE.
Oui, bourreau, c'était pour la captive
Que j'attrapais l'argent dont votre soin nous prive.
LÉLIE.
S'il est ainsi, j'ai tort; mais qui l'eût deviné?
MASCARILLE.
Il fallait, en effet, être bien raffiné!
LÉLIE.
Tu me devais par signe avertir de l'affaire.
MASCARILLE.
Oui, je devais au dos avoir mon luminaire.
Au nom de Jupiter, laissez-nous en repos,
Et ne nous chantez plus d'impertinents propos.
Un autre après cela quitterait tout peut-être ;
Mais j'avais médité tantôt un coup de maître,
Dont tout présentement je veux voir les effets ;
A la charge que si...

LÉLIE.
Non, je te le promets,
De ne me mêler plus de rien dire ou rien faire.
MASCARILLE.
Allez donc ; votre vue excite ma colère.
LÉLIE.
Mais surtout hâte-toi, de peur qu'en ce dessein...
MASCARILLE.
Allez, encore un coup ; j'y vais mettre la main.
(*Lélie sort.*)
Menons bien ce projet : la fourbe sera fine,
S'il faut qu'elle succède ainsi que j'imagine.
Allons voir... Bon ! voici mon homme justement.

SCENE IX.

PANDOLFE, MASCARILLE.

PANDOLFE.
Mascarille.
MASCARILLE.
Monsieur.
PANDOLFE.
A parler franchement,
Je suis mal satisfait de mon fils.
MASCARILLE.
De mon maître ?
Vous n'êtes pas le seul qui se plaigne de l'être :
Sa mauvaise conduite, insupportable en tout,
Met à chaque moment ma patience à bout.
PANDOLFE.
Je vous croyais pourtant assez d'intelligence
Ensemble.
MASCARILLE.
Moi ? Monsieur, perdez cette croyance :
Toujours de son devoir je tâche à l'avertir,
Et l'on nous voit sans cesse avoir maille à partir :
A l'heure même encor nous avons eu querelle
Sur l'hymen d'Hippolyte, où je le vois rebelle,
Où par l'indignité d'un refus criminel,
Je le vois offenser le respect paternel.

PANDOLFE.
Querelle?
MASCARILLE.
Oui, querelle, et bien avant poussée.
PANDOLFE.
Je me trompais donc bien; car j'avais la pensée
Qu'à tout ce qu'il faisait tu donnais de l'appui.
MASCARILLE.
Moi? Voyez ce que c'est que du monde aujourd'hui,
Et comme l'innocence est toujours opprimée.
Si mon intégrité vous était confirmée,
Je suis auprès de lui gagé pour serviteur,
Vous me voudriez encor payer pour précepteur :
Oui, vous ne pourriez pas lui dire davantage
Que ce que je lui dis pour le faire être sage.
Monsieur, au nom de Dieu, lui fais-je assez souvent,
Cessez de vous laisser conduire au premier vent :
Réglez-vous : regardez l'honnête homme de pere
Que vous avez du ciel, comme on le considère;
Cessez de lui vouloir donner la mort au cœur,
Et comme lui vivez en personne d'honneur.
PANDOLFE.
C'est parler comme il faut. Et que peut-il répondre?
MASCARILLE.
Répondre! Des chansons dont il me vient confondre.
Ce n'est pas qu'en effet, dans le fond de son cœur,
Il ne tienne de vous des semences d'honneur.
Mais sa raison n'est pas maintenant la maîtresse.
Si je pouvais parler avecque hardiesse,
Vous le verriez dans peu soumis sans nul effort.
PANDOLFE.
Parle.
MASCARILLE.
C'est un secret qui m'importerait fort
S'il était découvert; mais à votre prudence
Je puis le confier avec toute assurance.
PANDOLFE.
Tu dis bien..

MASCARILLE.
Sachez donc que vos vœux sont trahis ;
Par l'amour qu'une esclave imprime à votre fils.

PANDOLFE.
On m'en avait parlé ; mais l'action me touche
De voir que je l'apprenne encore par ta bouche.

MASCARILLE.
Vous voyez si je suis le secret confident....

PANDOLFE.
Vraiment je suis ravi de cela.

MASCARILLE.
Cependant
A son devoir, sans bruit, désirez-vous le rendre?
Il faut... J'ai toujours peur qu'on nous vienne surpren-
Ce serait fait de moi, s'il savait ce discours. [dre;
Il faut, dis-je, pour rompre a toute chose cours
Acheter sourdement l'esclave idolatrée,
Et la faire passer en une autre contrée.
Anselme a grand accès auprès de Trufaldin;
Qu'il aille l'acheter pour vous dès ce matin :
Après, si vous voulez en mes mains la remettre,
Je connais des marchands, et puis bien vous promet-
D'en retirer l'argent qu'elle pourra coûter,   [tre
Et, malgré votre fils, de la faire écarter;
Car enfin, si l'on veut qu'à l'hymen il se range,
A cet amour naissant il faut donner le change;
Et de plus, quand bien même il serait résolu
Qu'il aurait pris le joug que vous avez voulu,
Cet autre objet, pouvant réveiller son caprice,
Au mariage encor peut porter préjudice.

PANDOLFE.
C'est très bien raisonner, ce conseil me plaît fort..
Je vois Anselme; va, je m'en vais faire effort
Pour avoir promptement cette esclave funeste,
Et la mettre en tes mains pour achever le reste.

MASCARILLE, *seul*.
Bon : allons avertir mon maître de ceci.
Vive la fourberie et les fourbes aussi !

SCENE X.
HIPPOLYTE, MASCARILLE.

HIPPOLYTE.

Oui, traître, c'est ainsi que tu me rends service !
Je viens de tout entendre, et voir ton artifice :
A moins que de cela, l'eussè-je soupçonné?
Tu payes d'imposture, et tu m'en as donné.
Tu m'avais promis, lâche, et j'avais lieu d'attendre
Qu'on te verrait servir mes ardeurs pour Léandre ;
Que du choix de Lélie, où l'on veut m'obliger,
Ton adresse et tes soins sauraient me dégager ;
Que tu m'affranchirais du projet de mon père :
Et cependant ici tu fais tout le contraire !
Mais tu t'abuseras ; je sais un sûr moyen
Pour rompre cet achat où tu pousses si bien ;
Et je vais de ce pas...

MASCARILLE.

                      Ah ! que vous êtes prompte !
La mouche tout d'un coup à la tête vous monte,
Et, sans considérer s'il a raison ou non,
Votre esprit contre moi fait le petit démon.
J'ai tort, et je devrais, sans finir mon ouvrage,
Vous faire dire vrai, puisque ainsi l'on m'outrage.

HIPPOLYTE.

Par quelle illusion penses-tu m'éblouir ?
Traître, peux-tu nier ce que je viens d'ouir ?

MASCARILLE.

Non. Mais il faut savoir que tout cet artifice
Ne va directement qu'à vous rendre service ;
Que ce conseil adroit, qui semble être sans fard,
Jette dans le panneau l'un et l'autre vieillard ;
Que mon soin par leurs mains ne veut avoir Célie,
Qu'à dessein de la mettre au pouvoir de Lélie ;
Et faire que, l'effet de cette invention
Dans le dernier excès portant sa passion,
Anselme, rebuté de son prétendu gendre,
Puisse tourner son choix du côté de Léandre.

HIPPOLYTE.

Quoi ! tout ce grand projet qui m'a mise en courroux,
Tu l'as formé pour moi, Mascarille ?

MASCARILLE.
          Oui, pour vous.
Mais, puisqu'on reconnaît si mal nos bons offices,
Qu'il me faut de la sorte essuyer vos caprices,
Et que, pour récompense, on s'en vient, de hauteur,
Me traiter de faquin, de lâche, d'imposteur,
Je m'en vais réparer l'erreur que j'ai commise,
Et, dès ce même pas, rompre mon entreprise.

HIPPOLYTE, *l'arrêtant.*

Hé! ne me traite pas si rigoureusement,
Et pardonne aux transports d'un premier mouvement.

MASCARILLE.

Non, non, laissez-moi faire; il est en ma puissance
De détourner le coup qui si fort vous offense.
Vous ne vous plaindrez point de mes soins désormais;
Oui, vous aurez mon maître, et je vous le promets.

HIPPOLYTE.

Hé! mon pauvre garçon, que ta colère cesse.
J'ai mal jugé de toi, j'ai tort, je le confesse.
     (*tirant sa bourse.*)
Mais je veux réparer ma faute avec ceci.
Pourrais-tu te résoudre à me quitter ainsi?

MASCARILLE.

Non, je ne le saurais, quelque effort que je fasse :
Mais votre promptitude est de mauvaise grace.
Apprenez qu'il n'est rien qui blesse un noble cœur,
Comme quand il peut voir qu'on le touche en l'hon-

HIPPOLYTE.   [neur.

Il est vrai, je t'ai dit de trop grosses injures :
Mais que ces deux louis guérissent tes blessures.

MASCARILLE.

Hé! tout cela n'est rien ; je suis tendre à ces coups;
Mais déjà je commence à perdre mon courroux;
Il faut de ses amis endurer quelque chose.

HIPPOLYTE.

Pourras-tu mettre à fin ce que je me propose,
Et crois-tu que l'effet de tes desseins hardis
Produise à mon amour le succès que tu dis?

MASCARILLE.

N'ayez point pour ce fait l'esprit sur des épines.
J'ai des ressorts tout prêts pour diverses machines ;
Et, quand ce stratagême à nos vœux manquerait,
Ce qu'il ne ferait pas, un autre le ferait.

HIPPOLYTE.

Crois qu'Hippolyte au moins ne sera pas ingrate.

MASCARILLE.

L'espérance du gain n'est pas ce qui me flatte.

HIPPOLYTE.

Ton maître te fait signe, et veut parler à toi :
Je te quitte ; mais songe à bien agir pour moi.

SCENE XI.
LÉLIE, MASCARILLE.

LÉLIE.

Que diable fais-tu là ? tu me promets merveille ;
Mais ta lenteur d'agir est pour moi sans pareille.
Sans que mon bon génie au devant m'a poussé,
Déjà tout mon bonheur eût été renversé.
C'était fait de mon bien, c'était fait de ma joie,
D'un regret éternel je devenais la proie :
Bref, si je ne me fusse en ce lieu rencontré,
Anselme avait l'esclave, et j'en étais frustré ;
Il l'emmenait chez lui. Mais j'ai paré l'atteinte,
J'ai détourné le coup, et tant fait, que par crainte,
Le pauvre Trufaldin l'a retenue.

MASCARILLE.

Et trois :
Quand nous serons à dix, nous ferons une croix.
C'était par mon adresse, ô cervelle incurable !
Qu'Anselme entreprenait cet achat favorable :
Entre mes propres mains on la devait livrer ;
Et vos soins endiablés nous en viennent sevrer.
Et puis pour votre amour je m'emploierais encore !
J'aimerais mieux cent fois être grosse pécore,
Devenir cruche, chou, lanterne, loup-garou,
Et que monsieur Satan vous vînt tordre le cou.

LELIE, *seul*.

Il nous le faut mener en quelque hôtellerie,
Et faire sur les pots décharger sa furie.

FIN DU PREMIER ACTE.

ACTE II.

SCÈNE PREMIÈRE.

LÉLIE, MASCARILLE.

MASCARILLE.

A vos désirs enfin il a fallu se rendre :
Malgré tous mes serments, je n'ai pu m'en défendre,
Et pour vos intérêts, que je voulais laisser,
En de nouveaux périls viens de m'embarrasser.
Je suis ainsi facile; et si de Mascarille
Madame la nature avait fait une fille,
Je vous laisse à penser ce que c'aurait été.
Toutefois n'allez pas, sur cette sûreté,
Donner de vos revers au projet que je tente,
Me faire une bévue et rompre mon attente.
Auprès d'Anselme encor nous vous excuserons,
Pour en pouvoir tirer ce que nous désirons :
Mais si dorénavant votre imprudence éclate,
Adieu, vous dis, mes soins pour l'objet qui vous flatte.

LÉLIE.

Non, je serai prudent, te dis-je, ne crains rien :
Tu verras seulement...

MASCARILLE.

Souvenez-vous-en bien;
J'ai commencé pour vous un hardi stratagême.
Votre père fait voir une paresse extrême
A rendre par sa mort tous vos désirs contents;
Je viens de le tuer (de parole, j'entends) :
Je fais courir le bruit que d'une apoplexie
Le bon homme surpris a quitté cette vie.

ACTE II, SCENE III.

Mais avant, pour pouvoir mieux feindre ce trépas,
J'ai fait que vers sa grange il a porté ses pas :
On est venu lui dire, et par mon artifice,
Que les ouvriers qui sont après son édifice,
Parmi les fondements qu'ils en jettent encor,
Avaient fait par hasard rencontre d'un trésor ;
Il a volé d'abord ; et comme à la campagne
Tout son monde à présent, hors nous deux, l'accom- [pagne,
Dans l'esprit d'un chacun je le tue aujourd'hui,
Et produis un fantôme enseveli pour lui.
Enfin je vous ai dit à quoi je vous engage.
Jouez bien votre rôle ; et, pour mon personnage,
Si vous apercevez que j'y manque d'un mot,
Dites absolument que je ne suis qu'un sot.

SCÈNE II.

LÉLIE, seul.

Son esprit, il est vrai trouve une étrange voie
Pour adresser mes vœux au comble de leur joie :
Mais quand d'un bel objet on est bien amoureux,
Que ne ferait-on pas pour devenir heureux ?
Si l'amour est au crime une assez belle excuse,
Il en peut bien servir à la petite ruse
Que sa flamme aujourd'hui me force d'approuver,
Par la douceur du bien qui m'en doit arriver.
Juste ciel ! qu'ils sont prompts ! Je les vois en parole.
Allons nous préparer à jouer notre rôle.

SCÈNE III.

ANSELME, MASCARILLE.

MASCARILLE.
La nouvelle a sujet de vous surprendre fort.

ANSELME.
Être mort de la sorte !

MASCARILLE.

Il a, certes, grand tort :
Je lui sais mauvais gré d'une telle incartade.

ANSELME.

N'avoir pas seulement le temps d'être malade.

MASCARILLE.

Non, jamais homme n'eut si hâte de mourir.

ANSELME.

Et Lélie?

MASCARILLE.

Il se bat, et ne peut rien souffrir;
Il s'est fait en maints lieux contusion et bosse,
Et veut accompagner son papa dans la fosse :
Enfin, pour achever, l'excès de son transport
M'a fait en grande hâte ensevelir le mort,
De peur que cet objet, qui le rend hypocondre,
A faire un vilain coup ne me l'allât semondre.

ANSELME.

N'importe, tu devais attendre jusqu'au soir;
Outre qu'encore un coup j'aurais voulu le voir,
Qui tôt ensevelit bien souvent assassine;
Et tel est cru défunt, qui n'en a que la mine.

MASCARILLE.

Je vous le garantis trépassé comme il faut.
Au reste, pour venir au discours de tantôt,
Lélie, et l'action lui sera salutaire,
D'un bel enterrement veut régaler son père,
Et consoler un peu ce défunt de son sort,
Par le plaisir de voir faire honneur à sa mort.
Il hérite beaucoup : mais, comme en ses affaires
Il se trouve assez neuf et ne voit encore guères,
Que son bien la plupart n'est point en ses quartiers,
Ou que ce qu'il y tient consiste en des papiers,
Il voudrait vous prier, ensuite de l'instance
D'excuser de tantôt son trop de violence,
De lui prêter au moins pour ce dernier devoir...

ANSELME.

Tu me l'as déjà dit ; et je m'en vais le voir.

ACTE II, SCENE IV.

MASCARILLE, *seul.*

Jusqu'ici, du moins, tout va le mieux du monde.
Tâchons à ce progrès que le reste réponde ;
Et, de peur de trouver dans le port un écueil,
Conduisons le vaisseau de la main et de l'œil.

SCÈNE IV.

ANSELME, LÉLIE, MASCARILLE.

ANSELME.

Sortons ; je ne saurais qu'avec douleur très forte,
Le voir empaqueté de cette étrange sorte.
Las ! en si peu de temps ! il vivait ce matin !

MASCARILLE.

En peu de temps parfois ont fait bien du chemin.

LÉLIE, *pleurant.*

Ah !

ANSELME.

Mais quoi, cher Lélie ! enfin il était homme.
On n'a point pour la mort de dispense de Rome.

LÉLIE.

Ah !

ANSELME.

Sans leur dire gare, elle abat les humains,
Et contre eux de tout temps a de mauvais desseins.

LÉLIE.

Ah !

ANSELME.

Ce fier animal, pour toutes les prières,
Ne perdrait pas un coup de ses dents meurtrières.
Tout le monde y passe.

LÉLIE.

Ah !

MASCARILLE.

Vous avez beau prêcher,
Ce deuil enraciné ne se peut arracher.

ANSELME.

Si, malgré ces raisons, votre ennui persévère,
Mon cher Lélie, au moins faites qu'il se modère.

LÉLIE.

Ah !

MASCARILLE.

Il n'en fera rien, je connais son humeur.

ANSELME.

Au reste, sur l'avis de votre serviteur,
J'apporte ici l'argent qui vous est nécessaire
Pour faire célébrer les obsèques d'un père.

LÉLIE.

Ah ! ah !

MASCARILLE.

Comme à ce mot s'augmente sa douleur !
Il ne peut, sans mourir, songer à ce malheur.

ANSELME.

Je sais que vous verrez aux papiers du bon homme
Que je suis débiteur d'une plus grande somme ;
Mais, quand par ces raisons je ne vous devrais rien,
Vous pourriez librement disposer de mon bien.
Tenez, je suis tout vôtre, et le ferai paraître.

LÉLIE, *s'en allant.*

Ah !

MASCARILLE.

Le grand déplaisir que sent monsieur mon maître !

ANSELME.

Mascarille, je crois qu'il serait à propos
Qu'il me fît de sa main un reçu de deux mots.

MASCARILLE.

Ah !

ANSELME.

Des évènements l'incertitude est grande.

MASCARILLE.

Ah !

ANSELME.

Faisons-lui signer le mot que je demande.

MASCARILLE.

Las ! en l'état qu'il est, comment vous contenter ?
Donnez-lui le loisir de se désattrister ;
Et, quand ses déplaisirs auront quelque allégeance,
J'aurai soin d'en tirer d'abord votre assurance.

ACTE II, SCÈNE V.

Adieu. Je sens mon cœur qui se gonfle d'ennui,
Et m'en vais tout mon saoul pleurer avec lui.
Hi !

ANSELME, *seul.*

Le monde est rempli de beaucoup de traverses ;
Chaque homme tous les jours en ressent de diverses,
Et jamais ici-bas...

SCÈNE V.

PANDOLFE, ANSELME.

ANSELME.

Ah ! bon dieu ! je frémi !
Pandolfe qui revient ! Fût-il bien endormi ?
Comme depuis sa mort sa face est amaigrie !
Las ! ne m'approchez pas de plus près, je vous prie !
J'ai trop de répugnance à coudoyer un mort.

PANDOLFE.

D'où peut donc provenir ce bizarre transport ?

ANSELME.

Dites-moi de bien loin quel sujet vous amène.
Si pour me dire adieu vous prenez tant de peine,
C'est trop de courtoisie, et véritablement
Je me serais passé de votre compliment.
Si votre ame est en peine et cherche des prières,
Las ! je vous en promets, et ne m'effrayez guères !
Foi d'homme épouvanté, je vais faire à l'instant
Prier tant Dieu pour vous, que vous serez content.
    Disparaissez donc, je vous prie ;
    Et que le ciel ! par sa bonté,
    Comble de joie et de santé
    Votre défunte seigneurie !

PANDOLFE, *riant.*

Malgré tout mon dépit, il m'y faut prendre part.

ANSELME.

La ! pour un trépassé vous êtes bien gaillard !

PANDOLFE.

Est-ce jeu, dites-nous, ou bien si c'est folie,
Qui traite de défunt une personne en vie ?

ANSELME.

Hélas ! vous êtes mort, et je viens de vous voir.

PANDOLFE.

Quoi ! j'aurais trépassé sans m'en apercevoir?

ANSELME.

Sitôt que Mascarille en a dit la nouvelle,
J'en ai senti dans l'ame une douleur mortelle.

PANDOLFE.

Mais enfin, dormez-vous? Êtes-vous éveillé?
Me connaissez-vous pas?

ANSELME.

Vous êtes habillé
D'un corps aérien qui contrefait le vôtre,
Mais qui dans un moment peut devenir tout autre.
Je crains fort de vous voir comme un géant grandir,
Et tout votre visage affreusement laidir.
Pour Dieu, ne prenez point de vilaine figure ;
J'ai prou de ma frayeur en cette conjoncture.

PANDOLFE.

En une autre saison, cette naïveté
Dont vous accompagnez votre crédulité,
Anselme, me serait un charmant badinage,
Et j'en prolongerais le plaisir davantage :
Mais, avec cette mort, un trésor supposé,
Dont parmi les chemins on m'a désabusé,
Fomente dans mon ame un soupçon légitime.
Mascarille est un fourbe, et fourbe fourbissime,
Sur qui ne peuvent rien la crainte et les remords,
Et qui pour ses desseins a d'étranges ressorts.

ANSELME.

M'aurait-on joué pièce et fait supercherie?
Ah ! vraiment, ma raison, vous seriez fort jolie !
Touchons un peu pour voir : en effet, c'est bien lui.
Malepeste du sot que je suis aujourd'hui !
De grace, n'allez pas divulguer un tel conte ;
On en ferait jouer quelque farce à ma honte :
Mais, Pandolfe, aidez-moi vous-même à retirer
L'argent que j'ai donné pour vous faire enterrer.

PANDOLFE.

De l'argent, dites-vous! Ah! c'est donc l'enclouure!
Voilà le nœud secret de toute l'aventure!
A votre dam. Pour moi, sans me mettre en souci,
Je vais faire informer de cette affaire ici
Contre ce Mascarille: et si l'on peut le prendre,
Quoi qu'il puisse coûter, je le veux faire pendre.

ANSELME, *seul*.

Et moi, la bonne dupe à trop croire un vaurien,
Il faut donc qu'aujourd'hui je perde et sens et bien.
Il me sied bien, ma foi, de porter tête grise,
Et d'être encor si prompt à faire une sottise;
D'examiner si peu sur un premier rapport...
Mais je vois...

SCENE VI.

LÉLIE, ANSELME.

LÉLIE, *sans voir Anselme*.
    Maintenant, avec ce passeport,
Je puis à Trufaldin rendre aisément visite.

ANSELME.
A ce que je puis voir, votre douleur vous quitte?

LÉLIE.
Que dites-vous? Jamais elle ne quittera
Un cœur qui chèrement toujours la nourrira.

ANSELME.
Je reviens sur mes pas vous dire avec franchise
Que tantôt avec vous j'ai fait une méprise;
Que parmi ces louis, quoiqu'ils semblent très beaux,
J'en ai, sans y penser, mêlé que je tiens faux;
Et j'apporte sur moi de quoi mettre en leur place.
De nos faux monnayeurs l'insupportable audace
Pullule en cet état d'une telle façon,
Qu'on ne reçoit plus rien qui soit hors de soupçon.
Mon Dieu! qu'on ferait bien de les faire tous pendre!

LÉLIE.
Vous me faites plaisir de les vouloir reprendre:
Mais je n'en ai point vu de faux, comme je croi.

ANSELME.

Je les connaîtrai bien ; montrez, montrez-les-moi.
Est-ce tout ?

LÉLIE.

Oui.

ANSELME.

Tant mieux. Enfin je vous raccroche,
Mon argent bien aimé, rentrez dedans ma poche.
Et vous, mon brave escroc, vous ne tenez plus rien.
Vous tuez donc des gens qui se portent fort bien ?
Et qu'auriez-vous donc fait sur moi, chétif beau-père ?
Ma foi ! je m'engendrais d'une belle manière,
Et j'allais prendre en vous un beau-fils fort discret !
Allez, allez mourir de honte et de regret.

LÉLIE, *seul*.

Il faut dire, j'en tiens. Quelle surprise extrême !
D'où peut-il avoir su sitôt le stratagême ?

SCÈNE VII.

LELIE, MASCARILLE.

MASCARILLE.

Quoi ! vous étiez sorti ! Je vous cherchais par tout.
Hé bien ! en sommes-nous enfin venus à bout ?
Je le donne en six coups au fourbe le plus brave.
Çà, donnez-moi que j'aille acheter notre esclave ;
Votre rival après sera bien étonné.

LÉLIE.

Ah ! mon pauvre garçon, la chance a bien tourné !
Pourrais-tu de mon sort deviner l'injustice ?

MASCARILLE.

Quoi ? que serait-ce ?

LÉLIE.

Anselme, instruit de l'artifice,
M'a repris maintenant tout ce qu'il nous prêtait,
Sous couleur de changer de l'or que l'on doutait.

MASCARILLE.

Vous vous moquez peut-être.

LÉLIE.

Il est trop véritable.

MASCARILLE.

Tout de bon?

LÉLIE.

Tout de bon; j'en suis inconsolable..
Tu te vas emporter d'un courroux sans égal.

MASCARILLE.

Moi, monsieur! Quelque sot : la colère fait mal;
Et je veux me choyer, quoi qu'enfin il arrive.
Que Celie, après tout, soit ou libre ou captive,
Que Léandre l'achète, ou qu'elle reste là,
Pour moi, je m'en soucie autant que de cela.

LÉLIE.

Ah! n'aye point pour moi si grande indifférence,
Et sois plus indulgent à ce peu d'imprudence!
Sans ce dernier malheur, ne m'avoueras-tu pas
Que j'avais fait merveille, et qu'en ce feint trepas
J'éludais un chacun d'un deuil si vraisemblable,
Que les plus clairvoyants l'auraient cru véritable!

MASCARILLE.

Vous avez en effet sujet de vous louer.

LÉLIE.

Hé bien! je suis coupable, et je veux l'avouer;
Mais si jamais mon bien te fut considérable.
Répare ce malheur, et me sois secourable.

MASCARILLE.

Je vous baise les mains; je n'ai pas le loisir.

LÉLIE.

Mascarille, mon fils.

MASCARILLE.

Point.

LÉLIE.

Fais-moi ce plaisir.

MASCARILLE.

Non, je n'en ferai rien.

LÉLIE.

Si tu m'es inflexible,
Je m'en vais me tuer.

MASCARILLE.

Soit; il vous est loisible,

LÉLIE.

Je ne le puis fléchir?

MASCARILLE.

Non.

LÉLIE.

Vois-tu le fer prêt?

MASCARILLE.

Oui.

LÉLIE.

Je vais le pousser.

MASCARILLE.

Faites ce qu'il vous plaît.

LÉLIE.

Tu n'auras pas regret de m'arracher la vie?

MASCARILLE.

Non.

LÉLIE.

Adieu, Mascarille.

MASCARILLE.

Adieu, monsieur Lélie.

LÉLIE.

Quoi!

MASCARILLE.

Tuez-vous donc vite. Ah! que de longs devis!

LÉLIE.

Tu voudrais bien, ma foi! pour avoir mes habits,
Que je fisse le sot, et que je me tuasse.

MASCARILLE.

Savais-je pas qu'enfin ce n'était que grimace;
Et, quoi que ces esprits jurent d'effectuer,
Qu'on n'est point aujourd'hui si prompt à se tuer?

SCENE VIII.

TRUFALDIN, LÉANDRE, LÉLIE, MASCARILLE.

(*Trufaldin parle bas à Léandre, dans le fond du théâtre.*)

LÉLIE.

Que vois-je? Mon rival et Trufaldin ensemble!
Il achète Célie! ah! de frayeur je tremble.

ACTE II, SCENE IX.

MASCARILLE.

Il ne faut point douter qu'il fera ce qu'il peut,
Et, s'il a de l'argent, qu'il pourra ce qu'il veut.
Pour moi, j'en suis ravi. Voilà la récompense
De vos brusques erreurs, de votre impatience.

LÉLIE.

Que dois-je faire? dis: veuille me conseiller.

MASCARILLE.

Je ne sais.

LÉLIE.

Laisse-moi, je vais le quereller.

MASCARILLE.

Qu'en arrivera-t-il?

LÉLIE.

Que veux-tu que je fasse
Pour empêcher ce coup?

MASCARILLE.

Allez, je vous fais grace:
Je jette encore un œil pitoyable sur vous.
Laissez-moi l'observer: par des moyens plus doux
Je vais, comme je crois, savoir ce qu'il projette.

(*Lélie sort.*)

TRUFALDIN, *à Léandre*.

Quand on viendra tantôt, c'est une affaire faite.

(*Trufaldin sort.*)

MASCARILLE, *à part, en s'en allant.*

Il faut que je l'attrape, et que de ses desseins
Je sois le confident, pour mieux les rendre vains.

LÉANDRE, *seul.*

Graces au ciel, voilà mon bonheur hors d'atteinte;
J'ai su me l'assurer, et je n'ai plus de crainte.
Quoi que désormais puisse entreprendre un rival,
Il n'est plus en pouvoir de me faire du mal.

SCENE IX.

LÉANDRE, MASCARILLE.

MASCARILLE *dit ces deux vers dans la maison, et entre sur le théâtre.*

Ahi! ahi! à l'aide! au meurtre! au secours! on m'as-[somme!
Ah! ah! ah! ah! ah! Ah! O traître! ô bourreau d'homme!

LÉANDRE.

D'où procède cela ? Qu'est-ce ? que te fait-on ?

MASCARILLE.

On vient de me donner deux cents coups de bâton.

LÉANDRE.

Qui ?

MASCARILLE.

Lélie.

LÉANDRE.

Et pourquoi ?

MASCARILLE.

Pour une bagatelle
Il me chasse, et me bat d'une façon cruelle.

LÉANDRE.

Ah ! vraiment il a tort !

MASCARILLE.

Mais, ou je ne pourrai,
Ou je jure bien fort que je m'en vengerai.
Oui, je te ferai voir, batteur que Dieu confonde,
Que ce n'est pas pour rien qu'il faut rouer le monde,
Que je suis un valet, mais fort homme d'honneur,
Et qu'après m'avoir eu quatre ans pour serviteur,
Il ne me fallait pas payer en coup de gaules,
Et me faire un affront si sensible aux épaules :
Je te le dis encor, je saurai m'en venger ;
Une esclave te plaît, tu voulais m'engager
A la mettre en tes mains, et je veux faire en sorte
Qu'un autre te l'enlève, ou le diable m'emporte.

LÉANDRE.

Ecoute, Mascarille, et quitte ce transport.
Tu m'as plu de tout temps, et je souhaitais fort
Qu'un garçon comme toi, plein d'esprit et fidèle,
A mon service un jour pût attacher son zèle :
Enfin, si le parti te semble bon pour toi,
Si tu veux me servir, je t'arrête avec moi.

MASCARILLE.

Oui, monsieur, d'autant mieux que le destin propice,
M'offre à me bien venger en vous rendant service ;
Et que, dans mes efforts pour vos contentements,
Je puis à mon brutal trouver des châtiments :

De Célie, en un mot, par mon adresse extrême....
LÉANDRE.
Mon amour s'est rendu cet office lui-même.
Enflammé d'un objet qui n'a pas de défaut,
Je viens de l'acheter moins encor qu'il ne faut.
MASCARILLE.
Quoi ! Célie est à vous ?
LÉANDRE.
Tu la verrais paraître,
Si de mes actions j'étais tout à fait maître :
Mais quoi ! mon père l'est ; comme il a volonté,
Ainsi que je l'apprends d'un paquet apporté,
De me déterminer à l'hymen d'Hippolyte,
J'empêche qu'un rapport de tout ceci l'irrite.
Donc avec Trufaldin, car je sors de chez lui,
J'ai voulu tout exprès agir au nom d'autrui,
Et, l'achat fait, ma bague est la marque choisie
Sur laquelle au premier il doit livrer Célie.
Je songe auparavant à chercher les moyens
D'ôter aux yeux de tous ce qui charme les miens,
A trouver promptement un endroit favorable
Où puisse être en secret cette captive aimable.
MASCARILLE.
Hors de la ville un peu, je puis avec raison
D'un vieux parent que j'ai vous offrir la maison ;
Là vous pourrez la mettre avec toute assurance,
Et de cette action nul n'aura connaissance.
LÉANDRE.
Oui, Ma foi, tu me fais un plaisir souhaité.
Tiens donc, et va pour moi prendre cette beauté.
Dès que par Trufaldin ma bague sera vue,
Aussitôt en tes mains elle sera rendue,
Et dans cette maison tu me la conduiras.
Quand... Mais chut, Hippolyte est ici sur nos pas.

SCENE X.
HIPPOLYTE, LEANDRE, MASCARILLE.
HIPPOLYTE.
Je dois vous annoncer, Léandre, une nouvelle ;
Mais la trouverez-vous agréable ou cruelle?

LÉANDRE.

Pour en pouvoir juger, et répondre soudain,
Il faudrait la savoir.

HIPPOLYTE.

Donnez-moi donc la main
Jusqu'au temple; en marchant je pourrai vous l'ap-
LÉANDRE, à *Mascarille*.   [prendre.
Va, va-t'en me servir sans davantage attendre.

SCÈNE XI.

MASCARILLE, seul.

Oui, je te vais servir d'un plat de ma façon.
Fut-il jamais au monde un plus heureux garçon !
Oh ! que dans un moment Lélie aura de joie !
Sa maîtresse en nos mains tomber par cette voie !
Recevoir tout son bien d'où l'on attend le mal !
Et devenir heureux par la main d'un rival !
Après ce rare exploit, je veux que l'on s'apprête
A me peindre en héros, un laurier sur la tête,
Et qu'au bas du portrait on mette en lettres d'or,
Vivat Mascarillus fourbum imperator !

SCÈNE XII.

TRUFALDIN, MASCARILLE.

MASCARILLE.

Holà !

TRUFALDIN.

Que voulez-vous ?

MASCARILLE.

Cette bague connue
Vous dira le sujet qui cause ma venue.

TRUFALDIN.

Oui, je reconnais bien la bague que voilà.
Je vais quérir l'esclave, arrêtez un peu là.

SCENE XIII.
TRUFALDIN, UN COURRIER, MASCARILLE.

LE COURRIER, à *Trufaldin.*

Seigneur, obligez-moi de m'enseigner un homme...

TRUFALDIN.

Et qui ?

LE COURRIER.

Je crois que c'est Trufaldin qu'il se nomme.

TRUFALDIN.

Et que lui voulez-vous ? Vous le voyez ici.

LE COURRIER.

Lui rendre seulement la lettre que voici.

TRUFALDIN, *lit.*

« Le ciel, dont la bonté prend souci de ma vie,
« Vient de me faire ouïr, par un bruit assez doux,
« Que ma fille, à quatre ans, par des voleurs ravie,
« Sous le nom de Célie est esclave chez vous.
« Si vous sûtes jamais ce que c'est qu'être père,
« Et vous trouvez sensible aux tendresses du sang,
« Conservez-moi chez vous cette fille si chère,
« Comme si de la vôtre elle tenait le rang.
« Pour l'aller retirer je pars d'ici moi-même,
« Et vous vais de vos soins récompenser si bien,
« Que par votre bonheur, que je veux rendre extrême,
« Vous bénirez le jour où vous causez le mien. »

De Madrid.   DON PEDRO DE GUSMAN,
                 marquis de MONTALCANE.

(*Il continue.*)

Quoiqu'à leur nation bien peu de fois soit due,
Ils me l'avaient bien dit, ceux qui me l'ont vendue,
Que je verrais dans peu quelqu'un la retirer,
Et que je n'aurais pas sujet d'en murmurer :
Et cependant j'allais, par mon impatience,
Perdre aujourd'hui les fruits d'une haute espérance.

(*au courrier.*)

Un seul moment plus tard tous vos pas étaient vains,
J'allais mettre à l'instant cette fille en ses mains ;
Mais suffit ; j'en aurai tout le soin qu'on désire.

(*Le courrier sort.*)

(*à Mascarille.*)
Vous-même vous voyez ce que je viens de lire.
Vous direz à celui qui vous a fait venir
Que je ne lui saurais ma parole tenir;
Qu'il vienne retirer son argent.

MASCARILLE.

Mais l'outrage
Que vous lui faites...

TRUFALDIN.

Va, sans causer davantage.

MASCARILLE, *seul.*

Ah! le fâcheux paquet que nous venons d'avoir!
Le sort a bien donné la baie à mon espoir;
Et bien à la malheure est-il venu d'Espagne
Ce courrier, que la foudre ou la grêle accompagne.
Jamais, certes, jamais plus beau commencement
N'eût en si peu de temps plus triste évènement.

SCENE XIV.

LÉLIE, *riant;* MASCARILLE.

MASCARILLE.

Quel beau transport de joie à présent vous inspire?

LÉLIE.

Laisse m'en rire encore avant que te le dire.

MASCARILLE.

Çà, rions donc bien fort, nous en avons sujet.

LÉLIE.

Ah! je ne serai plus de tes plaintes l'objet.
Tu ne me diras plus, toi qui toujours me cries,
Que je gâte en brouillon toutes les fourberies :
J'ai bien joué moi-même un tour des plus adroits.
Il est vrai, je suis prompt, et m'emporte parfois :
Mais pourtant, quand je veux, j'ai l'imaginative
Aussi bonne, en effet, que personne qui vive;
Et toi-même avoueras que ce que j'ai fait, part
D'une pointe d'esprit où peu de monde a part.

MASCARILLE.

Sachons donc ce qu'a fait cette imaginative.

ACTE II, SCENE XIV.

LÉLIE.

Tantôt l'esprit ému d'une frayeur bien vive
D'avoir vu Trufaldin avecque mon rival,
Je songeais à trouver un remède à ce mal,
Lorsque, me ramassant tout entier en moi-même,
J'ai conçu, digéré, produit un stratagême
Devant qui tous les tiens, dont tu fais tant de cas,
Doivent, sans contredit, mettre pavillon bas.

MASCARILLE.

Mais qu'est-ce?

LÉLIE.

Ah! s'il te plaît, donne-toi patience!
J'ai donc feint une lettre avecque diligence,
Comme d'un grand seigneur écrite à Trufaldin,
Qui mande qu'ayant su, par un heureux destin,
Qu'une esclave qu'il tient sous le nom de Célie
Est sa fille, autrefois par des voleurs ravie,
Il veut la venir prendre, et le conjure au moins
De la garder toujours, de lui rendre des soins;
Qu'à ce sujet il part d'Espagne, et doit pour elle
Par de si grands présents reconnaître son zèle,
Qu'il n'aura point regret de causer son bonheur.

MASCARILLE.

Fort bien.

LÉLIE.

Ecoute donc, voici bien le meilleur.
La lettre que je dis a donc été remise;
Mais sais-tu bien comment? En saison si bien prise,
Que le porteur m'as dit que, sans ce trait falot,
Un homme l'emmenait, qui s'est trouvé fort sot.

MASCARILLE.

Vous avez fait ce coup sans vous donner au diable?

LÉLIE.

Oui. D'un tour si subtil m'aurais-tu cru capable?
Loue au moins mon adresse; et la dextérité
Dont je romps d'un rival le dessein concerté.

MASCARILLE.

A vous pouvoir louer selon votre mérite
Je manque d'éloquence, et ma force est petite.

Oui, pour bien étaler cet effort relevé,
Ce bel exploit de guerre à nos yeux achevé,
Ce grand et rare effet d'une imaginative,
Qui ne cède en vigueur à personne qui vive,
Ma langue est impuissante, et je voudrais avoir
Celles de tous les gens du plus exquis savoir,
Pour vous dire en beaux vers, ou bien en docte prose,
Que vous serez toujours, quoi que l'on se propose,
Tout ce que vous avez été durant vos jours;
C'est à dire un esprit chaussé tout à rebours,
Une raison malade et toujours en débauche,
Un envers du bon sens, un jugement à gauche,
Un brouillon, une bête, un brusque, un étourdi,
Que sais-je? un... cent fois plus encor que je ne di.
C'est faire en abrégé votre panégyrique.

LÉLIE.
Apprends-moi le sujet qui contre moi te pique?
Ai-je fait quelque chose? Eclaircis-moi ce point.

MASCARILLE.
Non, vous n'avez rien fait. Mais ne me suivez point.

LÉLIE.
Je te suivrai partout pour savoir ce mystère.

MASCARILLE.
Oui? Sus donc, préparez vos jambes à bien faire :
Car je vais vous fournir de quoi les exercer.

LÉLIE, *seul*.
Il m'échappe. O malheur qui ne se peut forcer!
Au discours qu'il m'a fait que saurais-je comprendre,
Et quel mauvais office aurais-je pu me rendre.

FIN DU SECOND ACTE.

ACTE III.

SCENE PREMIÈRE

MASCARILLE.

Taisez-vous, ma bonté, cessez votre entretien,
Vous êtes une sotte, et je n'en ferai rien.
Oui, vous avez raison, mon courroux, je l'avoue ;
Relier tant de fois ce qu'un brouillon dénoue,
C'est trop de patience ; et je dois en sortir,
Après de si beaux coups qu'il a su divertir.
Mais aussi raisonnons un peu sans violence.
Si je suis maintenant ma juste impatience,
On dira que je cède à la difficulté ;
Que je me trouve à bout de ma subtilité.
Et que deviendra lors cette publique estime
Qui te vante partout pour un fourbe sublime,
Et que tu t'es acquise en tant d'occasions
A ne t'être jamais vu court d'inventions?
L'honneur, ô Mascarille, est une belle chose !
A tes nobles travaux ne fais aucune pause,
Et quoi qu'un maître ait fait pour te faire enrager,
Achève pour ta gloire et non pour l'obliger.
Mais quoi ! Que feras-tu, que de l'eau toute claire ?
Traversé sans repos par ce démon contraire,
Tu vois qu'à chaque instant il te fait déchanter,
Et que c'est battre l'eau de prétendre arrêter
Ce torrent effréné, qui de tes artifices
Renverse en un moment les plus beaux édifices.
Hé bien ! pour toute grace, encore un coup du moins.
Au hasard du succès, sacrifions des soins ;
Et s'il poursuit encore à rompre notre chance,
J'y consens, ôtons-lui toute notre assistance.

Cependant notre affaire encor n'irait pas mal,
Si par là nous pouvions perdre notre rival,
Et que Léandre enfin, lassé de sa poursuite,
Nous laissât jour entier pour ce que je medite.
Oui, je roule en ma tête un trait ingénieux,
Dont je promettrais bien un succès glorieux,
Si je puis n'avoir plus cet obstacle à combattre.
Bon : voyons si son feu se rend opiniâtre.

SCÈNE II.

LÉANDRE, MASCARILLE.

MASCARILLE.
Monsieur, j'ai perdu temps, votre homme se dédit.
LÉANDRE.
De la chose lui-même il m'a fait le récit :
Mais c'est bien plus; j'ai su que tout ce beau mystère
D'un rapt d'Egyptiens, d'un grand seigneur pour père,
Qui doit partir d'Espagne, et venir en ces lieux,
N'est qu'un pur stratagème, un trait facétieux,
Une histoire à plaisir, un conte dont Lélie
A voulu détourner notre achat de Célie.
MASCARILLE.
Voyez un peu la fourbe !
LÉANDRE.
     Et pourtant Trufaldin
Est si bien imprimé de ce conte badin,
Mord si bien à l'appât de cette faible ruse,
Qu'il ne veut point souffrir que l'on le désabuse.
MASCARILLE.
C'est pourquoi désormais il la gardera bien,
Et je ne vois pas lieu d'y prétendre plus rien.
LÉANDRE.
Si d'abord à mes yeux elle parut aimable,
Je viens de la trouver tout à fait adorable;
Et je suis en suspens, si, pour me l'acquérir,
Aux extrêmes moyens je ne dois point courir,
Par le don de ma foi rompre sa destinée,
Et changer ses liens en ceux de l'hyménée.

MASCARILLE.
Vous pourriez l'épouser?
LÉANDRE.
Je ne sais : mais enfin,
Si quelque obscurité se trouve en son destin,
Sa grace et sa vertu sont de douces amorces,
Qui, pour tirer les cœurs, ont d'incroyables forces.
MASCARILLE.
Sa vertu, dites-vous?
LÉANDRE.
Quoi? que murmures-tu?
Achève, explique-toi sur ce mot de vertu.
MASCARILLE.
Monsieur, votre visage en un moment s'altère,
Et je ferai bien mieux peut-être de me taire.
LÉANDRE.
Non, non, parle.
MASCARILLE.
Hé bien donc, très charitablement
Je vous veux retirer de votre aveuglement.
Cette fille...
LÉANDRE.
Poursuis.
MASCARILLE.
N'est rien moins qu'inhumaine;
Dans le particulier elle oblige sans peine,
Et son cœur, croyez-moi, n'est point roche après tout
A quiconque la sait prendre par le bon bout :
Elle fait la sucrée, et veut passer pour prude;
Mais je puis en parler avecque certitude.
Vous savez que je suis quelque peu du métier
A me devoir connaître en un pareil gibier.
LÉANDRE.
Célie...
MASCARILLE.
Oui, sa pudeur n'est que franche grimâce,
Qu'une ombre de vertu qui garde mal sa place,
Et qui s'évanouit, comme l'on peut savoir,
Aux rayons du soleil qu'une bourse fait voir.

LÉANDRE.
Las! que dis-tu? Croirais-je un discours de la sorte!
MASCARILLE.
Monsieur, les volontés sont libres; que m'importe?
Non, ne me croyez pas, suivez votre dessein;
Prenez cette matoise, et lui donnez la main;
Toute la ville en corps reconnaîtra ce zèle,
Et vous épouserez le bien public en elle.
LÉANDRE.
Quelle surprise étrange!
MASCARILLE, *à part*.
Il a pris l'hameçon.
Courage, s'il se peut enferrer tout de bon,
Nous nous ôtons du pied une fâcheuse épine.
LÉANDRE.
Oui, d'un coup étonnant ce discours m'assassine.
MASCARILLE.
Quoi! vous pourriez....?
LÉANDRE.
Va-t'en jusqu'à la poste, et voi
Je ne sais quel paquet qui doit venir pour moi.
(*seul, après avoir rêvé.*)
Qui ne s'y fût trompé! Jamais l'air d'un visage,
Si ce qu'il dit est vrai, n'imposa davantage.

SCENE III.
LELIE, LÉANDRE.

LÉLIE.
Du chagrin qui vous tient quel peut être l'objet?
LÉANDRE.
Moi?
LÉLIE.
Vous-même.
LÉANDRE.
Pourtant je n'en ai point sujet.
LÉLIE.
Je vois bien ce que c'est, Célie en est la cause.
LÉANDRE.
Mon esprit ne court pas après si peu de chose.

LÉLIE.
Pour elle vous aviez pourtant de grands desseins.
Mais il faut dire ainsi, lorsqu'ils se trouvent vains,
LÉANDRE.
Si j'étais assez sot pour chérir ses caresses,
Je me moquerais bien de toutes vos finesses.
LÉLIE.
Quelles finesses donc?
LÉANDRE.
Mon dieu! nous savons tout.
LÉLIE.
Quoi?
LÉANDRE.
Votre procédé de l'un à l'autre bout.
LÉLIE.
C'est de l'hébreu pour moi, je n'y puis rien compren-
LÉANDRE. [dre.
Feignez, si vous voulez, de ne me pas entendre;
Mais, croyez-moi, cessez de craindre pour un bien
Où je serais fâché de vous disputer rien.
J'aime fort la beauté qui n'est point profanée,
Et ne veux point brûler pour une abandonnée.
LÉLIE.
Tout beau, tout beau, Léandre!
LÉANDRE.
Ah! que vous êtes bon!
Allez, vous dis-je encor, servez-la sans soupçon;
Vous pourrez vous nommer homme à bonnes fortunes.
Il est vrai, sa beauté n'est pas des plus communes;
Mais en revanche aussi le reste est fort commun.
LÉLIE.
Léandre, arrêtez-là ce discours importun.
Contre moi tant d'efforts qu'il vous plaira pour elle;
Mais, sur-tout, retenez cette atteinte mortelle.
Sachez que je m'impute à trop de lâcheté
D'entendre mal parler de ma divinité;
Et que j'aurai toujours bien moins de répugnance
A souffrir votre amour qu'un discours qui l'offense.
LÉANDRE.
Ce que j'avance ici, me vient de bonne part.

LÉLIE.
Quiconque vous l'a dit est un lâche, un pendard.
On ne peut imposer de tache à cette fille,
Je connais bien son cœur.

LÉANDRE.
Mais enfin Mascarille,
D'un semblable procès est juge compétent;
C'est lui qui la condamne.

LÉLIE.
Oui !

LÉANDRE.
Lui-même.

LÉLIE.
Il prétend
D'une fille d'honneur insolemment médire,
Et que peut-être encor je n'en ferai que rire !
Gage qu'il se dédit.

LÉANDRE.
Et moi, gage que non.

LÉLIE.
Parbleu ! je le ferais mourir sous le bâton,
S'il m'avait soutenu des faussetés pareilles.

LÉANDRE.
Moi, je lui couperais sur le champ les oreilles,
S'il n'était pas garant de tout ce qu'il m'a dit.

SCENE IV.
LÉLIE, LÉANDRE, MASCARILLE.

LÉLIE.
Ah ! bon, bon, le voilà. Venez çà, chien maudit.

MASCARILLE.
Quoi ?

LÉLIE.
Langue de serpent, fertile en impostures,
Vous osez sur Célie attacher vos morsures,
Et lui calomnier la plus rare vertu
Qui puisse faire éclat sous un sort abattu ?

MASCARILLE, *bas à Lélie*.
Doucement, ce discours est de mon industrie.

ACTE III, SCENE IV.

LÉLIE.

Non, non, point de clin d'œil et point de raillerie,
Je suis aveugle à tout, sourd à quoi que ce soit;
Fût-ce mon propre frère, il me la payeroit;
Et sur ce que j'adore oser porter le blâme,
C'est me faire une plaie au plus tendre de l'ame.
Tous ces signes sont vains. Quels discours as-tu faits?

MASCARILLE.

Mon Dieu! ne cherchons point querelle, ou je m'en vais.

LÉLIE.

Tu n'échapperas pas.

MASCARILLE.

Ahi!

LÉLIE.

Parle donc, confesse.

MASCARILLE, *bas à Lélie.*

Laissez-moi, je vous dis que c'est un tour d'adresse.

LÉLIE.

Dépêche, qu'as-tu dit? vide entre nous ce point.

MASCARILLE, *bas à Lélie.*

J'ai dit ce que j'ai dit: ne vous emportez point.

LÉLIE, *mettant l'épée à la main.*

Ah! je vous ferai bien parler d'une autre sorte.

LÉANDRE, *l'arrêtant.*

Halte un peu; retenez l'ardeur qui vous emporte.

MASCARILLE, *à part,*

Fut-il jamais au monde un esprit moins sensé?

LÉLIE.

Laissez-moi contenter mon courage offensé.

LÉANDRE.

C'est trop que de vouloir le battre en ma présence.

LÉLIE.

Quoi! châtier mes gens n'est pas en ma puissance?

LEANDRE.

Comment, vos gens?

MASCARILLE, *à part.*

Encore! Il va tout découvrir.

LÉLIE.

Quand j'aurais volonté de le battre à mourir,
Hé bien! c'est mon valet.

LÉANDRE.
C'est maintenant le nôtre.
LÉLIE.
Le trait est admirable ! Et comment donc le vôtre?
LÉANDRE,
Sans doute.
MASCARILLE, *bas à Lélie.*
Doucement.
LÉLIE.
Hem, que veux-tu conter?
MASCARILLE, *à part.*
Ah ! le double bourreau, qui me va tout gâter,
Et qui ne comprend rien, quelque signe qu'on donne!
LÉLIE.
Vous rêvez bien, Léandre, et me la baillez bonne.
Il n'est pas mon valet?
LÉANDRE.
Pour quelque mal commis.
Hors de votre service il n'a pas été mis?
LÉLIE.
Je ne sais ce que c'est.
LÉANDRE.
Et plein de violence,
Vous n'avez pas chargé son dos avec outrance?
LÉLIE.
Point du tout. Moi, l'avoir chassé, roué de coups?
Vous vous moquez de moi, Léandre, ou lui de vous.
MASCARILLE, *à part.*
Pousse, pousse, bourreau; tu fais bien tes affaires.
LÉANDRE, *à Mascarille.*
Donc les coups de bâton ne sont qu'imaginaires !
MASCARILLE.
Il ne sait ce qu'il dit; sa mémoire...
LÉANDRE.
Non, non,
Tous ces signes pour toi ne disent rien de bon.
Oui, d'un tour délicat mon esprit te soupçonne,
Mais pour l'invention, va, je te le pardonne.
C'est bien assez pour moi qu'il m'ait désabusé,
De voir par quels motifs tu m'avais imposé,

Et que m'étant commis à ton zèle hypocrite,
A si bon compte encor je m'en sois trouvé quitte.
Ceci doit s'appeler *un avis au lecteur*.
Adieu, Lélie, adieu, très humble serviteur.

SCÈNE V.

LÉLIE, MASCARILLE.

MASCARILLE.

Courage, mon garçon, tout heur nous accompagne;
Mettons flamberge au vent, et bravoure en campagne,
Faisons *l'Olibrius, l'occiseur d'innocents*.

LÉLIE.

Il t'avait accusé de discours médisants
Contre...

MASCARILLE.

Et vous ne pouviez souffrir mon artifice,
Lui laisser son erreur, qui vous rendait service,
Et par qui son amour s'en était presque allé?
Non, il a l'esprit franc et point dissimulé.
Enfin chez son rival je m'ancre avec adresse,
Cette fourbe en mes mains va mettre sa maîtresse :
Il me la fait manquer avec de faux rapports;
Je veux de son rival alentir les transports,
Mon brave incontinent vient, qui le désabuse;
J'ai beau lui faire signe, et montrer que c'est ruse :
Point d'affaire ; il poursuit sa pointe jusqu'au bout,
Et n'est point satisfait qu'il n'ait découvert tout.
Grand et sublime effort d'une imaginative,
Qui ne le cède point à personne qui vive !
C'est une rare pièce, et digne, sur ma foi,
Qu'on en fasse présent au cabinet d'un roi.

LÉLIE.

Je ne m'étonne pas si je romps tes attentes;
A moins d'être informé des choses que tu tentes,
J'en ferais encor cent de la sorte.

MASCARILLE.

Tant pis.

LÉLIE.

Au moins, pour t'emporter à de justes dépits,

Fais-moi dans tes desseins entrer de quelque chose;
Mais que de leurs ressorts la porte me soit close,
C'est ce qui fait toujours que je suis pris sans vert.
MASCARILLE.
Je crois que vous seriez un maître d'arme expert,
Vous savez à merveille, en toutes aventures,
Prendre les contretemps et rompre les mesures.
LÉLIE.
Puisque la chose est faite, il n'y faut plus penser.
Mon rival, en tout cas, ne peut me traverser;
Et pourvu que tes soins en qui je me repose...
MASCARILLE.
Laissons là ce discours, et parlons d'autre chose.
Je ne m'apaise pas, non, si facilement,
Je suis trop en colère. Il faut premièrement
Me rendre un bon office, et nous verrons ensuite
Si je dois de vos feux reprendre la conduite.
LÉLIE.
S'il ne tient qu'à cela, je n'y résiste pas.
As-tu besoin, dis-moi, de mon sang, de mes bras?
MASCARILLE.
De quelle vision sa cervelle est frappée!
Vous êtes de l'humeur de ces amis d'épée,
Que l'on trouve toujours plus prompts à dégaîner,
Qu'à tirer un teston, s'il fallait le donner.
LÉLIE.
Que puis-je donc pour toi?
MASCARILLE.
C'est que de votre père
Il faut absolument apaiser la colère.
LÉLIE.
Nous avons fait la paix.
MASCARILLE.
Oui; mais non pas pour nous
Je l'ai fait ce matin mort pour l'amour de vous:
La vision le choque, et de pareilles feintes
Aux vieillards comme lui sont de dures atteintes,
Qui, sur l'état prochain de leur condition,
Leur font faire à regret triste réflexion.

Le bonhomme, tout vieux, chérit fort la lumière,
Et ne veut point de jeu dessus cette matière ;
Il craint le pronostic, et, contre moi fâché,
On m'a dit qu'en justice il m'avait recherché.
J'ai peur, si le logis du roi fait ma demeure,
De m'y trouver si bien dès le premier quart d'heure,
Que j'aye peine aussi d'en sortir par après.
Contre moi dès longtemps on a forcé décrets ;
Car enfin la vertu n'est jamais sans envie,
Et dans ce maudit siècle est toujours poursuivie.
Allez donc le fléchir.

LÉLIE.

Oui, nous le fléchirons ;
Mais aussi tu promets...

MASCARILLE.

Ah ! mon Dieu ! nous verrons !
(*Lélie sort.*)
Ma foi, prenons haleine après tant de fatigues.
Cessons pour quelque temps le cours de nos intrigues,
Et de nous tourmenter de même qu'un lutin.
Léandre, pour nous nuire, est hors de garde enfin,
Et Célie arrêtée avecque l'artifice...

SCENE VI.

ERGASTE, MASCARILLE.

ERGASTE.

Je te cherchais partout pour te rendre un service,
Pour te donner avis d'un secret important.

MASCARILLE.

Quoi donc ?

ERGASTE.

N'avons-nous point ici quelque écoutant.

MASCARILLE.

Non.

ERGASTE.

Nous sommes amis autant qu'on le peut être :
Je sais bien tes desseins et l'amour de ton maître ;
Songez à vous tantôt. Léandre fait parti
Pour enlever Célie ; et j'en suis averti

Qu'il a mis ordre à tout, et qu'il se persuade
D'entrer chez Trufaldin par une mascarade,
Ayant su qu'en ce temps, assez souvent, le soir
Des femmes du quartier en masque l'allaient voir.

MASCARILLE.

Oui? Suffit; il n'est pas au comble de sa joie,
Je pourrai bien tantôt lui souffler cette proie;
Et contre cet assaut je sais un coup fourré,
Par qui je veux qu'il soit de lui-même enferré.
Il ne sait pas les dons dont mon ame est pourvue.
Adieu, nous boirons pinte à la première vue.

SCENE VII.

MASCARILLE, seul.

Il faut, il faut tirer à nous ce que d'heureux
Pourrait avoir en soi ce projet amoureux,
Et, par une surprise adroite et non commune,
Sans courir le danger, en tenter la fortune.
Si je vais me masquer pour devancer ses pas,
Léandre assurément ne nous bravera pas;
Et là, premier que lui, si nous faisons la prise,
Il aura fait pour nous les frais de l'entreprise,
Puisque, par son dessein déjà presque éventé,
Le soupçon tombera toujours de son côté,
Et que nous, à couvert de toutes ses poursuites,
De ce coup hasardeux ne craindrons point de suites.
C'est ne se point commettre à faire de l'éclat,
Et tirer les marrons de la patte du chat.
Allons donc nous masquer avec quelques bons frères;
Pour prévenir nos gens, il ne faut tarder guères.
Je sais où gît le lièvre, et me puis, sans travail
Fournir en un moment d'hommes et d'attirail.
Croyez que je mets bien mon adresse en usage :
Si j'ai reçu du ciel les fourbes en partage,
Je ne suis point au rang de ces esprits mal nés,
Qui cachent les talents que Dieu leur a donnés.

SCENE VIII.

LÉLIE, ERGASTE.

LÉLIE.
Il prétend l'enlever avec sa mascarade?

ERGASTE.
Il n'est rien plus certain. Quelqu'un de sa brigade
M'ayant de ce dessein instruit, sans m'arrêter,
A Mascarille alors j'ai couru tout conter,
Qui s'en va, m'a-t-il dit, rompre cette partie
Par une invention dessus le champ bâtie ;
Et, comme je vous ai rencontré par hasard,
J'ai cru que je devais du tout vous faire part.

LÉLIE.
Tu m'obliges par trop avec cette nouvelle :
Va, je reconnaîtrai ce service fidèle.

SCENE IX.

LÉLIE, *seul.*

Mon drôle assurément leur jouera quelque trait ;
Mais je veux de ma part seconder son projet.
Il ne sera pas dit qu'en un fait qui me touche
Je ne me sois non plus remué qu'une souche.
Voici l'heure, ils seront surpris à mon aspect.
Foin ! Que n'ai-je avec moi pris mon porte-respect?
Mais vienne qui voudra contre notre personne,
J'ai deux bons pistolets, et mon épée est bonne.
Holà ! quelqu'un, un mot.

SCENE X.

TRUFALDIN, *à sa fenêtre;* LÉLIE.

TRUFALDIN.
Qu'est-ce? Qui me vient voir?

LÉLIE.
Fermez soigneusement votre porte ce soir.

TRUFALDIN.
Pourquoi ?

LÉLIE.
Certaines gens font une mascarade
Pour vous venir donner une fâcheuse aubade ;
Ils veulent enlever votre Célie.

TRUFALDIN.
O dieux!

LÉLIE.
Et sans doute bientôt ils viendront en ces lieux.
Demeurez ; vous pourrez voir tout de la fenêtre.
Hé bien ! qu'avais-je dit ? Les voyez-vous paraître ?
Chut ! je veux à vos yeux leur en faire l'affront.
Nous allons voir beau jeu, si la corde ne rompt.

SCENE XI.

LÉLIE, TRUFALDIN, MASCARILLE
et sa suite, masqués.

TRUFALDIN.
Oh ! les plaisants robins, qui pensent me surprendre!

LÉLIE.
Masques, où courez-vous? Le pourrait-on apprendre?
Trufaldin , ouvrez-leur pour jouer un momon.
(*à Mascarille déguisé en femme.*)
Bon Dieu, qu'elle est jolie, et qu'elle a l'air mignon !
Et quoi, vous murmurez? mais sans vous faire outrage,
Peut-on lever le masque , et voir votre visage?

TRUFALDIN.
Allez, fourbes méchants ; retirez-vous d'ici,
Canaille ; et vous, seigneur, bon soir et grand merci.

SCENE XII.

LÉLIE, MASCARILLE.

LÉLIE, *après avoir démasqué Mascarille.*
Mascarille, est-ce toi ?

MASCARILLE.
Nenni-dà, c'est quelque autre.

LÉLIE.
Hélas ! quelle surprise ! et quel sort est le nôtre.
L'aurais-je deviné, n'étant point averti
Des secrètes raisons qui l'avaient travesti ?

Malheureux que je suis, d'avoir dessous ce masque
Été, sans y penser, te faire cette frasque?
Il me prendrait envie, en mon juste courroux,
De me battre moi-même, et me donner cent coups.
MASCARILLE.
Adieu, sublime esprit, rare imaginative.
LÉLIE.
Las! si de ton secours ta colère me prive,
A quel saint me vouerai-je!
MASCARILLE.
    Au grand diable d'enfer.
LÉLIE.
Ah! si ton cœur pour moi n'est de bronze ou de fer,
Qu'encore un coup du moins mon imprudence ait grace!
S'il faut pour l'obtenir que tes genoux j'embrasse,
Vois-moi...
MASCARILLE.
  Tarare! Allons, camarades, allons;
J'entends venir des gens qui sont sur nos talons.

SCENE XIII.

LÉANDRE *et sa suite, masqués;* TRUFALDIN,
à sa fenêtre.

LÉANDRE.
Sans bruit; ne faisons rien que de la bonne sorte.
TRUFALDIN.
Quoi! masques toute nuit assiègeront ma porte!
Messieurs, ne gagnez point de rhumes à plaisir;
Tout cerveau qui le fait, est certes de loisir.
Il est un peu trop tard pour enlever Célie;
Dispensez-l'en ce soir, elle vous en supplie:
La belle est dans le lit, et ne peut vous parler;
J'en suis fâché pour vous. Mais pour vous régaler
Du souci qui, pour elle, ici vous inquiète,
Elle vous fait présent de cette cassolette.
LÉANDRE.
Fi! cela sent mauvais, et je suis tout gâté.
Nous sommes découverts, tirons de ce côté.

FIN DU TROISIÈME ACTE.

ACTE IV

SCENE PREMIERE.

LÉLIE, *déguisé en Arménien* : MASCARILLE.

MASCARILLE.
Vous voilà fagoté d'une plaisante sorte.
LÉLIE.
Tu ranimes par-là mon espérance morte.
MASCARILLE.
Toujours de ma colère on me voit revenir ;
J'ai beau jurer, pester, je ne m'en puis tenir.
LÉLIE.
Aussi crois, si jamais je suis dans la puissance,
Que tu seras content de ma reconnaissance,
Et que, quand je n'aurais qu'un seul morceau de pain.
MASCARILLE.
Baste ; songez à vous dans ce nouveau dessein.
Au moins si l'on vous voit commettre une sottise,
Vous n'imputerez plus l'erreur à la surprise ;
Votre rôle en ce jeu par cœur doit être su.
LÉLIE.
Mais, comment Trufaldin chez lui t'a-t-il reçu ?
MASCARILLE.
D'un zèle simulé j'ai bridé le bon sire ;
Avec empressement je suis venu lui dire,
S'il ne songeait à lui, que l'on le surprendroit ;
Que l'on couchait en joue, et de plus d'un endroit,
Celle dont il a vu qu'une lettre en avance
Avait si faussement divulgué la naissance ;
Qu'on avait bien voulu m'y mêler quelque peu ;
Mais que j'avais tiré mon épingle du jeu,
Et que, touché d'ardeur pour ce qui le regarde,
Je venais l'avertir de se donner de garde.

e là, moralisant, j'ai fait de grands discours
ur les fourbes qu'on voit ici-bas tous les jours ;
ue, pour moi, las du monde et de sa vie infame,
e voulais travailler au salut de mon ame,
 m'éloigner du trouble, et pouvoir longuement
rès de quelque honnête homme être paisiblement ;
ue, s'il le trouvait bon, je n'aurais d'autre envie
ue de passer chez lui le reste de ma vie ;
t que même à tel point il m'avait su ravir,
ue, sans lui demander gages pour le servir,
e mettrais en ses mains, que je tenais certaines,
uelque bien de mon père, et le fruit de mes peines,
ont, avenant que Dieu de ce monde m'ôtât,
J'entendais tout de bon que lui seul héritât.
C'était le vrai moyen d'acquérir sa tendresse.
Et comme, pour résoudre avec votre maîtresse
Des biais qu'on doit prendre à terminer vos vœux,
Je voulais en secret vous aboucher tous deux,
Lui-même a su m'ouvrir une voie assez belle,
De pouvoir hautement vous loger avec elle.
Venant m'entretenir d'un fils privé du jour,
Dont cette nuit en songe il a vu le retour.
A ce propos, voici l'histoire qu'il m'a dite,
Et sur quoi j'ai tantôt notre fourbe construite.

LÉLIE.

C'est assez, je sais tout : tu me l'as dit deux fois.

MASCARILLE.

Oui, oui ; mais quand j'aurais passé jusques à trois,
Peut-être encor qu'avec toute sa suffisance
Votre esprit manquera dans quelque circonstance.

LÉLIE.

Mais à tant différer je me fais de l'effort.

MASCARILLE.

Ah ! de peur de tomber, ne courons pas si fort !
Voyez-vous ? Vous avez la caboche un peu dure ;
Rendez-vous affermi dessus cette aventure.
Autrefois Trufaldin de Naples est sorti,
Et s'appelait alors Zanobio Roberti ;
Un parti qui causa quelque émeute civile,
Dont il fut seulement soupçonné dans sa ville,

(De fait, il n'est pas homme à troubler un état)
L'obligea d'en sortir une nuit sans éclat.
Une fille fort jeune, et sa femme laissées,
A quelque temps de là se trouvant trépassées,
Il en eut la nouvelle ; et, dans ce grand ennui,
Voulant dans quelque ville emmener avec lui,
Outre ses biens, l'espoir qui restait de sa race,
Un sien fils, écolier, qui se nommait Horace,
Il écrit à Bologne, où, pour mieux être instruit,
Un certain maître Albert, jeune l'avait conduit ;
Mais pour se joindre tous, le rendez-vous qu'il donne
Durant deux ans entiers ne lui fit voir personne :
Si bien que, les jugeant morts après ce temps-là,
Il vint en cette ville, et prit le nom qu'il a,
Sans que de cet Albert, ni de ce fils Horace
Douze ans aient découvert jamais la moindre trace.
Voilà l'histoire en gros, redite seulement
Afin de vous servir ici de fondement.
Maintenant vous serez un marchand d'Arménie,
Qui les aurez vus sains l'un et l'autre en Turquie.
Si j'ai, plus tôt qu'aucun, un tel moyen trouvé,
Pour les ressusciter sur ce qu'il a rêvé,
C'est qu'en fait d'aventure, il est très-ordinaire
De voir gens pris sur mer par quelque Turc corsaire,
Puis être à leur famille à point nommé rendus,
Après quinze ou vingt ans qu'on les a crus perdus.
Pour moi, j'ai vu déjà cent contes de la sorte.
Sans nous alambiquer, servons-nous-en ; qu'importe ?
Vous leur aurez ouï leur disgrâce conter,
Vous leur aurez fourni de quoi se racheter ;
Mais que, parti plus tôt pour chose nécessaire,
Horace vous chargea de voir ici son père
Dont il a su le sort, et chez qui vous devez
Attendre quelques jours qu'ils y soient arrivés.
Je vous ai fait tantôt des leçons étendues.

LELIE.

Ces répétitions ne sont que superflues,
Dès l'abord, mon esprit a compris tout le fait.

MASCARILLE.

Je m'en vais là dedans donner le premier trait.

LÉLIE.

Ecoute, Mascarille, un seul point me chagrine.
S'il allait de son fils me demander la mine?

MASCARILLE.

Belle difficulté! Devez-vous pas savoir
Qu'il était fort petit alors qu'il l'a pu voir?
Et puis, outre cela, le temps et l'esclavage
Pourraient-ils pas avoir changé tout son visage?

LÉLIE.

Il est vrai. Mais, dis-moi, s'il connaît qu'il m'a vu,
Que faire?

MASCARILLE.

De mémoire êtes-vous dépourvu?
Nous avons dit tantôt qu'outre que votre image
N'avait dans son esprit pu faire qu'un passage,
Pour ne vous avoir vu que durant un moment,
Et le poil et l'habit déguisaient grandement.

LÉLIE.

Fort bien. Mais, à propos, cet endroit de Turquie?...

MASCARILLE.

Tout, vous dis-je, est égal, Turquie ou Barbarie.

LÉLIE.

Mais le nom de la ville où j'aurai pu les voir?

MASCARILLE.

Tunis. Il me tiendra, je crois, jusques au soir.
La répétition, dit-il, est inutile,
Et j'ai déjà nommé douze fois cette ville.

LÉLIE.

Va, va-t'en commmencer, il ne me faut plus rien.

MASCARILLE.

Au moins soyez prudent, et vous conduisez bien;
Ne donnez point ici de l'imaginative.

LÉLIE.

Laisse-moi gouverner. Que ton ame est craintive!

MASCARILLE.

Horace dans Bologne écolier, Trufaldin
Zanobio Ruberti dans Naples citadin;
Le précepteur Albert....

LÉLIE.

Ah! c'est me faire honte
Que de me tant prêcher! Suis-je un sot, à ton compte?
MASCARILLE.
Non, pas du tout; mais bien quelque chose approchant.

SCENE II.

LÉLIE, *seul*.

Quand il m'est inutile, il fait le chien couchant;
Mais, parce qu'il sent bien le secours qu'il me donne,
Sa familiarité jusques là s'abandonne.
Je vais être de près éclairé des beaux yeux
Dont la force m'impose un joug si précieux;
Je m'en vais sans obstacle, avec des traits de flamme,
Peindre à cette beauté les tourments de mon ame;
Je saurai quel arrêt je dois.... Mais les voici.

SCENE III.

TRUFALDIN, LÉLIE, MASCARILLE.

TRUFALDIN.
Sois béni, juste ciel, de mon sort adouci!
MASCARILLE.
C'est à vous de rêver, et de faire des songes,
Puisqu'en vous il est faux que songes sont mensonges.
TRUFALDIN, *à Lélie*.
Quelle grace, quels biens vous rendrai-je, seigneur,
Vous, que je dois nommer l'ange de mon bonheur?
LÉLIE.
Ce sont soins superflus, et je vous en dispense.
TRUFALDIN, *à Mascarille*.
J'ai, je ne sais pas où, vu quelque ressemblance
De cet Arménien.
MASCARILLE.
C'est ce que je disois;
Mais on voit des rapports admirables par fois.
TRUFALDIN.
Vous avez vu ce fils où mon espoir se fonde?

ACTE IV, SCENE III.

LÉLIE.

Oui, seigneur Trufaldin, le plus gaillard du monde.

TRUFALDIN.

Il vous a dit sa vie, et parlé fort de moi ?

LÉLIE.

Plus de dix mille fois.

MASCARILLE.

Quelque peu moins, je croi.

LÉLIE.

Il vous a dépeint tel que je vous vois paraître,
Le visage, le port.....

TRUFALDIN.

Cela pourrait-il être
Si, lorsqu'il m'a pu voir, il n'avait que sept ans,
Et si son précepteur même, depuis ce temps,
Aurait peine à pouvoir connaître mon visage?

MASCARILLE.

Le sang, bien autrement, conserve cette image;
Par des traits si profonds ce portrait est tracé,
Que mon père....

TRUFALDIN.

Suffit. Où l'avez-vous laissé?

LÉLIE.

En Turquie, à Turin.

TRUFALDIN.

Turin? Mais cette ville
Est, je pense, en Piémont.

MASCARILLE, *à part.*

O cerveau mal habile !

(*à Trufaldin.*)
Vous ne l'entendez pas, il veut dire Tunis,
Et c'est en effet là qu'il laissa votre fils;
Mais les Arméniens ont tous par habitude
Certain vice de langue à nous autres fort rude;
C'est que dans tous les mots ils changent *nis* en *rin*
Et pour dire Tunis, ils prononcent Turin.

TRUFALDIN.

Il fallait, pour l'entendre, avoir cette lumière.
Quel moyen vous dit-il de rencontrer son père.

MASCARILLE.
(à part.)   (à *Trufaldin*, après s'être escrimé.)
Voyez s'il répondra ! Je repassais un peu
Quelque leçon d'escrime : autrefois en ce jeu
Il n'était point d'adresse à mon adresse égale,
Et j'ai battu le fer en mainte et mainte salle.
TRUFALDIN, à *Mascarille*.
Ce n'est pas maintenant ce que je veux savoir ?
(à *Lélie*.)
Quel autre nom dit-il que je devais avoir ?
MASCARILLE.
Ah ! seigneur Zanobio Ruberti, quelle joie
Et celle maintenant que le ciel vous envoie !
LÉLIE.
C'est là votre vrai nom, et l'autre est emprunté.
TRUFALDIN.
Mais où vous a-t-il dit qu'il reçut la clarté ?
MASCARILLE.
Naples est un séjour qui paraît agréable ;
Mais pour vous ce doit être un lieu fort haïssable.
TRUFALDIN.
Ne peux-tu, sans parler, souffrir notre discours ?
LÉLIE.
Dans Naples son destin a commencé son cours.
TRUFALDIN.
Où l'envoyai-je jeune, et sous quelle conduite ?
MASCARILLE.
Ce pauvre maître Albert a beaucoup de mérite
D'avoir depuis Bologne accompagné ce fils,
Qu'à sa discrétion vos soins avaient commis !
TRUFALDIN.
Ah !
MASCARILLE, à part.
Nous sommes perdus si cet entretien dure.
TRUFALDIN.
Je voudrais bien savoir de vous leur aventure,
Sur quel vaisseau le sort qui m'a su travailler....
MASCARILLE.
Je ne sais ce que c'est, je ne fais que bâiller ;
Mais, seigneur Trufaldin, songez-vous que peut-être
Ce monsieur l'étranger a besoin de repaître,

ACTE IV, SCÈNE IV.

Et qu'il est tard aussi?
LÉLIE.
Pour moi point de repas.
MASCARILLE.
Ah! vous avez plus faim que vous ne pensez pas?
TRUFALDIN.
Entrez donc.
LÉLIE.
Après vous.
MASCARILLE, à *Trufaldin*.
Monsieur, en Arménie,
Les maîtres du logis sont sans cérémonie.
(*à Lélie, après que Trufaldin est entré dans sa maison.*
Pauvre esprit! Pas deux mots!
LÉLIE.
D'abord il m'a surpris;
Mais n'appréhende plus, je reprends mes esprits,
Et m'en vais débiter avecque hardiesse...
MASCARILLE.
Voici notre rival, qui ne sait pas la pièce.
(*Ils entrent dans la maison de Trufaldin.*)

SCÈNE IV.
ANSELME, LÉANDRE.

ANSELME.
Arrêtez-vous, Léandre, et souffrez un discours
Qui cherche le repos et l'honneur de vos jours.
Je ne vous parle point en père de ma fille,
En homme interessé pour ma propre famille,
Mais comme votre père ému pour votre bien,
Sans vouloir vous flatter et vous déguiser rien;
Bref, comme je voudrais, d'une amie franche et pure,
Que l'on fît à mon sang en pareille aventure.
Savez-vous de quel œil chacun voit cet amour,
Qui dedans une nuit vient d'éclater au jour?
A combien de discours et de traits de risée
Votre entreprise d'hier est partout exposée?
Quel jugement on fait du choix capricieux,
Qui pour femme, dit-on, vous désigne en ces lieux

Un rebut de l'Egypte, une fille coureuse,
De qui le noble emploi n'est qu'un métier de gueuse ?
J'en ai rougi pour vous encor plus que pour moi,
Qui me trouve compris dans l'éclat que je voi ;
Moi, dis-je, dont la fille, à vos ardeurs promise,
Ne peut, sans quelque affront, souffrir qu'on la mé-
Ah ! Léandre, sortez, de cet abaissement ! [prise.
Ouvrez un peu les yeux sur votre aveuglement.
Si notre esprit n'est pas sage à toutes les heures,
Les plus courtes erreurs sont toujours les meilleures.
Quand on ne prend en dot que la seule beauté,
Le remords est bien près de la solennité ;
Et la plus belle femme a très peu de défense
Contre cette tiédeur qui suit la jouissance.
Je vous le dis encor, ces bouillants mouvements,
Ces ardeurs de jeunesse et ces emportements
Nous font trouver d'abord quelques nuits agréables ;
Mais ces félicités ne sont guère durables,
Et, notre passion ralentissant son cours,
Après ces bonnes nuits, donne de mauvais jours :
De là viennent les soins, les soucis, les misères,
Les fils déshérités par le courroux des peres.

LÉANDRE.

Dans tout votre discours je n'ai rien écouté
Que mon esprit déjà ne m'ait representé.
Je sais combien je dois à cet honneur insigne
Que vous me voulez faire, et dont je suis indigne ;
Et vois, malgré l'effort dont je suis combattu,
Ce que vaut votre fille et quelle est sa vertu :
Aussi veux-je tâcher....

ANSELME.

On ouvre cette porte :
Retirons-nous plus loin, de crainte qu'il n'en sorte
Quelque secret poison dont vous seriez surpris.

SCÈNE V.
LELIE, MASCARILLE.

MASCARILLE.

Bientôt de notre fourbe on verra le débris,
Si vous continuez des sottises si grandes.

LÉLIE.

Dois-je éternellement ouïr tes réprimandes?
De quoi te peux-tu plaindre? Ai-je pas réussi
En tout ce que j'ai dit depuis?

MASCARILLE.

Couci, couci.
Témoin les Turcs par vous appelés hérétiques,
Et que vous assurez, par serments authentiques,
Adorer pour leurs dieux la lune et le soleil.
Passe. Ce qui me donne un dépit non pareil,
C'est qu'ici votre amour étrangement s'oublie
Près de Célie, il est ainsi que la bouillie,
Qui par un trop grand feu s'enfle, croît jusqu'aux bords,
Et de tous les côtés se répand au dehors.

LÉLIE.

Pourrait-on se forcer à plus de retenue?
Je ne l'ai presque point encore entretenue.

MASCARILLE.

Oui : mais ce n'est pas tout que de ne parler pas;
Par vos gestes, durant un moment de repas,
Vous avez aux soupçons donné plus de matière,
Que d'autres ne feraient dans une année entière.

LÉLIE.

Et comment donc?

MASCARILLE.

Comment? Chacun a pu le voir.
A table, où Trufaldin l'oblige de se seoir,
Vous n'avez toujours fait qu'avoir les yeux sur elle.
Rouge, tout interdit, jouant de la prunelle,
Sans prendre jamais garde à ce qu'on vous servait,
Vous n'aviez point de soif qu'alors qu'elle buvait;
Et dans ses propres mains vous saisissant du verre,
Sans le vouloir rincer, sans rien jeter à terre,
Vous buviez sur son reste, et montriez d'affecter
Le côté qu'a sa bouche elle avait su porter.
Sur les morceaux touchés de sa main délicate,
Ou mordus de ses dents, vous étendiez la patte
Plus brusquement qu'un chat dessus une souris,
Et les avaliez tout ainsi que des pois gris.

(*à part.*)

Ah! vous serez rossé, monsieur de l'Arménie,
Qui toujours gâtez tout!

SCENE VIII.—

LÉLIE, TRUFALDIN, MASCARILLE

TRUFALDIN, *à Lélie, après avoir heurté à sa porte.*
     Un mot, je vous supplie.
Donc, monsieur l'imposteur, vous osez aujourd'hui
Duper un honnête homme, et vous jouer de lui?

MASCARILLE.

Feindre avoir vu son fils en une autre contrée,
Pour vous donner chez lui plus aisément entrée!

TRUFALDIN *bat Lélie.*

Vuidons, vuidons sur l'heure.

LÉLIE, *à Mascarille qui le bat aussi.*
     Ah! coquin!

MASCARILLE.
      C'est ainsi
Que les fourbes.....

LÉLIE.
  Bourrrau!

MASCARILLE.
     Sont ajustés ici.
Gardez-moi bien cela.

LÉLIE.
    Quoi donc! je serais homme...

MASCARILLE, *le battant toujours en le chassant.*
Tirez, tirez, vous dis-je, ou bien je vous assomme.

TRUFALDIN.

Voilà qui me plaît fort; rentre, je suis content.
(*Mascarille suit Trufaldin qui rentre, dans sa maison.*)

LÉLIE, *revenant.*

A moi, par un valet, cet affront éclatant!
L'aurait-on pu prévoir l'action de ce traître,
Qui vient insolemment de maltraiter son maître?

MASCARILLE, *à la fenêtre de Trufaldin.*

Peut-on vous demander comment va votre dos?

ACTE IV, SCENE VIII.

LÉLIE.

Quoi ! tu m'oses encor tenir un tel propos ?

MASCARILLE.

Voilà, voilà que c'est de ne voir pas Jeannette,
Et d'avoir en tout temps une langue indiscrète.
Mais pour cette fois-ci, je n'ai point de courroux,
Je cesse d'éclater, de pester contre vous ;
Quoique de l'action l'imprudence soit haute,
Ma main sur votre échine a lavé votre faute.

LÉLIE.

Ah ! je me vengerai de ce trait déloyal !

MASCARILLE.

Vous vous êtes causé vous même tout e mal.

LÉLIE.

Moi ?

MASCARILLE.

Si vous n'étiez pas une cervelle folle,
Quand vous avez parlé naguère à votre idole,
Vous auriez aperçu Jeannette sur vos pas,
Dont l'oreille subtile a découvert le cas.

LÉLIE.

On aurait pu surprendre un mot dit à Célie ?

MASCARILLE.

Et d'où doncques viendrait cette prompte sortie ?
Oui, vous n'êtes dehors que par votre caquet.
Je ne sais si souvent vous jouez au piquet ;
Mais au moins faites-vous des écarts admirables.

LÉLIE.

O le plus malheureux de tous les misérables !
Mais encore, pourquoi me voir chassé par toi ?

MASCARILLE.

Je ne fis jamais mieux que d'en prendre l'emploi ;
Par là, j'empêche au moins que de cet artifice
Je ne sois soupçonné d'être auteur ou complice.

LÉLIE.

Tu devais donc pour toi frapper plus doucement.

MASCARILLE.

Quelque sot. Trufaldin lorgnait exactement :
Et puis, je vous dirai, sous ce prétexte utile
Je n'étais point fâché d'évaporer ma bile.

Enfin, la chose est faite; et, si j'ai votre foi
Qu'on ne vous verra point vouloir venger sur moi,
Soit ou directement, ou par quelque autre voie,
Les coups sur votre rable assénés avec joie,
Je vous promets, aidé par la poste où je suis,
De contenter vos vœux avant qu'il soit deux nuits.

LÉLIE.

Quoique ton traitement ait eu peu de rudesse,
Qu'est-ce que dessus moi ne peut cette promesse?

MASCARILLE.

Vous le promettez donc?

LÉLIE.

Oui, je te le promets.

MASCARILLE.

Ce n'est pas encor tout. Promettez que jamais
Vous ne vous mêlerez dans quoi que j'entreprenne.

LÉLIE.

Soit.

MASCARILLE.

Si vous y manquez, votre fièvre quartaine!

LÉLIE.

Mais tiens moi donc parole, et songe à mon repos.

MASCARILLE.

Allez quitter l'habit, et graisser votre dos.

LÉLIE, *seul.*

Faut-il que malheur qui me suit à la trace,
Me fasse voir toujours disgrace sur disgrace!

MASCARILLE, *sortant de chez Trufaldin.*

Quoi! vous n'êtes pas loin? sortez vite d'ici;
Mais, surtout, gardez-vous de prendre aucun souci:
Puisque je suis pour vous, que cela vous suffise:
N'aidez point mon projet de la moindre entreprise;
Demeurez en repos.

LÉLIE, *en sortant.*

Oui, va, je m'y tiendrai.

MASCARILLE, *seul.*

Il faut voir maintenant quel biais je prendrai.

SCENE IX.
ERGASTE, MASCARILLE.

ERGASTE.

Mascarille, je viens te dire une nouvelle
Qui donne a tes desseins une atteinte cruelle.
A l'heure que je parle, un jeune Egyptien,
Qui n'est pas noir pourtant, et sent assez son bien,
Arrive, accompagné d'une vieille fort have,
Et vient chez Trufaldin racheter cette esclave
Que vous vouliez; pour elle il paraît fort zélé.

MASCARILLE.

Sans doute c'est l'amant dont Célie a parlé.
Fût-il jamais destin plus brouillé que le nôtre !
Sortant d'un embarras, nous entrons dans un autre.
En vain nous apprenons que Léandre est au point
De quitter la partie, et ne nous troubler point;
Que son père, arrivé contre toute espérance,
Du côté d'Hippolyte emporte la balance,
Qu'il a tout fait changer par son autorité,
Et va dès aujourd'hui conclure le traité :
Lorsqu'un rival s'éloigne, un autre plus funeste
S'en vient nous enlever tout l'espoir qui nous reste.
Toutefois, par un trait merveilleux de mon art,
Je crois que je pourrai retarder leur départ;
Et me donner le temps qui sera nécessaire
Pout tâcher de finir cette fameuse affaire.
Il s'est fait un grand vol : par qui? l'on n'en sait rien :
Eux autres rarement passent pour gens de bien;
Je veux adroitement, sur un soupçon frivole,
Faire pour quelques jours emprisonner ce drôle.
Je sais des officiers de justice altérés,
Qui sont pour de tels coups de vrais délibérés :
Dessus l'avide espoir de quelque paraguante,
Il n'est rien que leur art avidement ne tente ;
Et du plus innocent, toujours à leur profit
La bourse est criminelle, et paye son délit.

FIN DU QUATRIÈME ACTE.

ACTE V.

SCENE PREMIÈRE.

MASCARILLE, ERGASTE.

MASCARILLE.

Ah! chien! ah! double chien! mâtine de cervelle!
Ta persécution sera-t-elle éternelle?

ERGASTE.

Par les soins vigilants de l'exempt Balafré,
Ton affaire allait bien, le drôle était coffré,
Si ton maître au moment ne fût venu lui-même,
En vrai désespéré, rompre ton stratagème :
Je ne saurais souffrir, a-t-il dit hautement,
Qu'un honnête homme soit traîné honteusement ;
J'en réponds sur sa mine, et je le cautionne :
Et, comme on résistait à lâcher sa personne,
D'abord il a chargé si bien sur les recors,
Qui sont gens d'ordinaire à craindre pour leur corps,
Qu'à l'heure que je parle ils sont encore en fuite,
Et pensent tous avoir un Lélie à leur suite.

MASCARILLE.

Le traître ne sait pas que cet Égyptien
Est déjà là dedans pour lui ravir son bien.

ERGASTE.

Adieu. Certaine affaire à te quitter m'oblige.

SCENE II.

MASCARILLE, seul.

Oui, je suis stupéfait de ce dernier prodige.
On dirait, et pour moi j'en suis persuadé,
Que ce démon brouillon dont il est possédé,
Se plaise à me braver, et me l'aille conduire
Partout où sa présence est capable de nuire.

ACTE V, SCENE III.

Pourtant je veux poursuivre, et, malgré tous ses coups,
Voir qui l'emportera de ce diable ou de nous.
Célie est quelque peu de notre intelligence,
Et ne voit son départ qu'avecque répugnance.
Je tâche à profiter de cette occasion.
Mais ils viennent, songeons à l'exécution.
Cette maison meublée est en ma bienseance,
Je puis en disposer avec grande licence :
Si le sort nous en dit, tout sera bien réglé,
Nul que moi ne s'y tient, et j'en garde la clé.
O Dieu ! qu'en peu de temps on a vu d'aventures,
Et qu'un fourbe est contraint de prendre de figures !

SCÈNE III.

CÉLIE, ANDRES.

ANDRÈS.

Vous le savez, Célie, il n'est rien que mon cœur
N'ait fait pour vous prouver l'excès de son ardeur.
Chez les Vénitiens, dès un assez jeune âge,
La guerre en quelque estime avait mis mon courage,
Et j'y pouvais un jour, sans trop croire de moi,
Prétendre, en les servant, un honorable emploi ;
Lorsqu'on me vit pour vous oublier toute chose,
Et que le prompt effet d'une métamorphose,
Qui suivit de mon cœur le soudain changement,
Parmi vos compagnons sut ranger votre amant,
Sans que mille accidents, ni votre indifférence,
Aient pu me détacher de ma persévérance.
Depuis, par un hasard, d'avec vous séparé
Pour beaucoup plus de temps que je n'eusse auguré,
Je n'ai, pour vous rejoindre, épargné temps ni peine :
Enfin, ayant trouvé la vieille Égyptienne,
Et plein d'impatience apprenant votre sort,
Que pour certain argent qui leur importait fort,
Et qui de tous vos gens détourna le naufrage,
Vous aviez en ces lieux été mise en ôtage,
J'accours vite y briser ces chaînes d'intérêt,
Et recevoir de vous les ordres qu'il vous plaît :

Cependant on vous voit une morne tristesse
Alors que dans vos yeux doit briller l'allégresse.
Si pour vous la retraite avait quelques appas,
Venise, du butin fait parmi les combats,
Me garde pour tous deux de quoi pouvoir y vivre :
Que si, comme devant, il vous faut encor suivre,
J'y consens, et mon cœur n'ambitionnera
Que d'être auprès de vous tout ce qu'il vous plaira.

CÉLIE.

Votre zèle pour moi visiblement éclate ;
Pour en paraître triste, il faudrait être ingrate :
Et mon visage aussi, par son émotion,
N'explique point mon cœur en cette occasion.
Une douleur de tête y peint sa violence :
Et, si j'avais sur vous quelque peu de puissance,
Notre voyage, au moins pour trois au quatre jours,
Attendrait que ce mal eût pris un autre cours.

ANDRÈS.

Autant que vous voudrez, faites qu'il se diffère.
Toutes mes volontés ne buttent qu'à me plaire.
Cherchons une maison à vous mettre en repos.
L'écriteau que voici, s'offre tout à propos.

SCÈNE IV.

CÉLIE, ANDRÈS, MASCARILLE, *déguisé en Suisse.*

ANDRÈS.

Seigneur Suisse, êtes-vous de ce logis le maître?

MASCARILLE.

Moi, pour serfir à fous.

ANDRÈS.

Pourrons-nous y bien être?

MASCARILLE.

Oui ; moi pour d'étrancher chafons champre carni.
Ma che non point locher te chans de méchant vi.

ANDRÈS.

Je crois votre maison franche de tout ombrage.

MASCARILLE.

Fous noufeau dans sti fil, moi foir à la fissage.

ACTE V, SCÈNE V.

ANDRÈS.

Oui.

MASCARILLE.

La matame est-il mariage al monsieur?

ANDRÈS.

Quoi?

MASCARILLE.

S'il être son fame, ou s'il être son sœur?

ANDRÈS.

Non.

MASCARILLE.

Mon foi, pien choli; fenir pour marchantisse,
Ou pien pour temanter à la palais choustice?
La procès il faut rien, il coûter tant t'archant!
La procurair larron, l'afocat pien méchant.

ANDRÈS.

Ce n'est pas pour cela.

MASCARILLE.

Fous tonc mener sti file
Pour fenir pourmener et recarter la file?

ANDRÈS.

(à Célie.)

Il n'importe. Je suis à vous dans un moment.
Je vais faire venir la vieille promptement;
Contremander aussi notre voiture prête.

MASCARILLE.

Li ne porte pas pien.

ANDRÈS.

Elle a mal à la tête.

MASCARILLE.

Moi chafoir de pon fin, et de fromage pon.
Entre fous, entre fous dans mon petit maison.

(Célie, Andrès et Mascarille entrent dans la maison.)

SCÈNE V.

LÉLIE, *seul*.

Quel que soit le transport d'une ame impatiente,
Ma parole m'engage à rester en attente,
A laisser faire un autre, et voir, sans rien oser,
Comme de mes destins le ciel veut disposer.

SCENE VI.

ANDRÈS, LÉLIE.

LÉLIE, *à Andrès qui sort de la maison.*
Demandiez-vous quelqu'un dedans cette demeure?
ANDRÈS.
C'est un logis garni que j'ai pris tout à l'heure.
LELIE.
A mon père pourtant la maison appartient,
Et mon valet la nuit pour la garder s'y tient.
ANDRÈS.
Je ne sais : l'écriteau marque au moins qu'on la loue.
Lisez.
LÉLIE.
  Certes, ceci me surprend, je l'avoue.
Qui diantre l'aurait mis? et par quel intérêt?...
Ah! ma foi, je devine à peu près ce que c'est!
Cela ne peut venir que de ce que j'augure.
ANDRÈS.
Peut-on vous demander quelle est cette aventure?
LÉLIE.
Je voudrais à tout autre en faire un grand secret;
Mais pour vous il n'importe, et vous serez discret.
Sans doute l'écriteau que vous voyez paraître,
Comme je conjecture, au moins ne saurait être
Que quelque invention du valet que je di,
Que quelque nœud subtil qu'il doit avoir ourdi
Pour mettre en mon pouvoir certaine Egyptienne,
Dont j'ai l'ame piquée, et qu'il faut que j'obtienne;
Je l'ai déjà manquée, et même plusieurs coups.
ANDRÈS.
Vous l'appelez?
LÉLIE.
  Célie.
ANDRÈS.
   Hé! que ne disiez-vous?
Vous n'aviez qu'à parler, je vous aurais sans doute
Epargné tous les soins que ce projet vous coûte.

ACTE V, SCENE VII.

LÉLIE.
Quoi ! vous la connaissez ?

ANDRÈS.
C'est moi qui maintenant
Viens de la racheter.

LÉLIE.
O discours surprenant !

ANDRÈS.
Sa santé, de partir ne nous pouvant permettre,
Au logis que voilà je venais de la mettre ;
Et je suis très ravi, dans cette occasion,
Que vous m'ayez instruit de votre intention.

LÉLIE.
Quoi ! j'obtiendrais de vous le bonheur que j'espère ?
Vous pourriez... ?

ANDRÈS, *allant frapper à la porte.*
Tout à l'heure on va vous satisfaire.

LÉLIE.
Que pourrai-je vous dire? Et quel remercîment ?...

ANDRÈS.
Non, ne m'en faites point, je n'en veux nullement.

SCENE VII.

LELIE, ANDRÈS, MASCARILLE.

MASCARILLE, *à part.*
Hé bien ! ne voilà pas mon enragé de maître !
Il nous va faire encor quelque nouveau bissêtre.

LELIE.
Sous ce grotesque habit qui l'aurait reconnu ?
Approche, Mascarille, et sois le bien venu.

MASCARILLE.
Moi souis ein chant t'honneur, moi non point Mascarille ;
Chai point fentre chamais ni le fame ni le fille.

LÉLIE.
Le plaisant baragouin ! il est bon, sur ma foi !

MASCARILLE.
Allez fous pourmener, sans toi rire te moi.

LÉLIE.
Va, va, lève le masque, et reconnais ton maître.

MASCARILLE.
Partié, tiable, mon foi chamais toi chai connaître.
LÉLIE.
Tout est accommodé, ne te déguise point.
MASCARILLE.
Si toi point ten aller, che paille ein coup te poing.
LÉLIE.
Ton jargon allemand est superflu, te dis-je,
Car nous sommes d'accord et sa bonté m'oblige.
J'ai tout ce que mes vœux lui peuvent demander,
Et tu n'as pas sujet de rien appréhender.
MASCARILLE.
Si vous êtes d'accord par un bonheur extrême,
Je me dessuisse donc, et redeviens moi-même.
ANDRÈS.
Ce valet vous servait avec beaucoup de feu :
Mais je reviens à vous, demeurez quelque peu.

SCENE VIII.
LÉLIE, MASCARILLE.

LÉLIE.
Hé bien ! que diras-tu ?
MASCARILLE.
                Que j'ai l'ame ravie
De voir d'un beau succès notre peine suivie.
LÉLIE.
Tu feignais à sortir de ton déguisement,
Et ne pouvais me croire en cet évènement.
MASCARILLE.
Comme je vous connais, j'étais dans l'épouvante,
Et trouve l'aventure aussi fort surprenante.
LÉLIE.
Mais confesse qu'enfin c'est avoir fait beaucoup.
Au moins j'ai repare mes fautes à ce coup,
Et j'aurai cet honneur d'avoir fini l'ouvrage.
MASCARILLE.
Soit ; vous aurez été bien plus heureux que sage.

SCENE IX.

CÉLIE, ANDRÈS, LÉLIE, MASCARILLE.

ANDRÈS.
N'est-ce pas là l'objet dont vous m'avez parlé?
LÉLIE.
Ah! quel bonheur au mien pourrait être égalé!
ANDRÈS.
Il est vrai, d'un bienfait je vous suis redevable;
Si je ne l'avouois, je serais condamnable :
Mais enfin ce bienfait aurait trop de rigueur,
S'il fallait le payer aux dépens de mon cœur.
Jugez, dans le transport où sa beauté me jette,
Si je dois à ce prix vous acquitter ma dette;
Vous êtes généreux, vous ne le voudriez pas :
Adieu. Pour quelques jours retournons sur nos pas.

SCENE X.

LÉLIE, MASCARILLE.

MASCARILLE, *après avoir chanté*.
Je ris, et toutefois je n'en ai guère envie.
Vous voilà bien d'accord il vous donne Célie,
Hem, vous m'entendez bien..
LÉLIE.
        C'est trop, je ne veux plus
Te demander pour moi de secours superflus.
Je suis un chien, un traître, un bourreau détestable,
Indigne d'aucun soin, de rien faire incapable.
Va, cesse tes efforts pour un malencontreux,
Qui ne saurait souffrir que l'on le rende heureux.
Après tant de malheurs, après mon imprudence,
Le trépas me doit seul prêter son assistance.

SCENE XI.

MASCARILLE, *seul*.

Voilà le vrai moyen d'achever son destin;
Il ne lui manque plus que de mourir enfin

Pour le couronnement de toutes ses sottises.
Mais en vain son dépit pour ses fautes commises
Lui fait licencier mes soins et mon appui,
Je veux, quoi qu'il en soit, le servir malgré lui,
Et dessus son lutin obtenir la victoire.
Plus l'obstacle est puissant, plus on reçoit de gloire :
Et les difficultés dont on est combattu,
Sont les dames d'atour qui parent la vertu.

SCENE XII.

CÉLIE, MASCARILLE.

CÉLIE, *à Mascarille qui lui a parlé bas.*
Quoi que tu veuilles dire, et que l'on se propose,
De ce retardement j'attends fort peu de chose.
Ce qu'on voit de succès peut bien persuader
Qu'ils ne sont pas encore fort près de s'accorder.
Et je t'ai déja dit qu'un cœur comme le nôtre
Ne voudrait pas pour l'un faire injustice à l'autre ;
Et que très fortement, par de différents nœuds,
Je me trouve attachée au parti de tous deux.
Si Lelie a pour lui l'amour et sa puissance,
Andrès pour tout partage a la reconnaissance,
Qui ne souffrira point que mes pensers secrets
Consultent jamais rien contre ses intérêts :
Oui, s'il ne peut avoir plus de place en mon ame,
Si le don de mon cœur ne couronne sa flamme,
Au moins dois-je ce prix à ce qu'il fait pour moi
De n'en choisir point d'autre, au mepris de sa foi,
Et de faire à mes vœux autant de violence
Que j'en fais aux désirs qu'il met en évidence.
Sur ces difficultés qu'oppose mon devoir,
Juge ce que tu peux te permettre d'espoir.

MASCARILLE.
Ce sont, à dire vrai, de très fâcheux obstacles ;
Et je ne sais point l'art de faire des miracles :
Mais je vais employer mes efforts plus puissants,
Remuer terre et ciel, m'y prendre de tout sens
Pour tâcher de trouver un biais salutaire,
Et vous dirai bientôt ce qui se pourra faire.

SCENE XIII.
HIPPOLYTE, CELIE.

HIPPOLYTE.
Depuis votre séjour, les dames de ces lieux
Se plaignent justement des larcins de vos yeux,
Si vous leur dérobez leurs conquêtes plus belles,
Et de tous leurs amants faites des infidèles :
Il n'est guère de cœurs qui puissent échapper
Aux traits dont à l'abord vous savez les frapper ;
Et mille libertés, à vos chaînes offertes,
Semblent vous enrichir chaque jour de nos pertes.
Quant à moi, toutefois je ne me plaindrais pas
Du pouvoir absolu de vos rares appas,
Si, lorsque mes amants sont devenus les vôtres,
Un seul m'eût consolé de la perte des autres :
Mais qu'inhumainement vous me les ôtiez tous,
C'est un dur procédé dont je me plains à vous.

CÉLIE.
Voilà d'un air galant faire une raillerie :
Mais épargnez un peu celle qui vous en prie.
Vos yeux, vos propres yeux se connaissent trop bien,
Pour pouvoir de ma part redouter jamais rien ;
Ils sont fort assurés du pouvoir de leurs charmes,
Et ne prendront jamais de pareilles alarmes.

HIPPOLLYTE.
Pourtant en ce discours je n'ai rien avancé
Qui dans tous les esprits ne soit déjà passé :
Et, sans parler du reste, on sait bien que Célie
A causé des désirs à Léandre et à Lelie.

CÉLIE.
Je crois qu'étant tombé dans cet aveuglement,
Vous vous consoleriez de leur perte aisément,
Et trouveriez pour vous l'amant peu souhaitable
Qui d'un si mauvais choix se trouverait capable.

HIPPOLYTE.
Au contraire, j'agis d'un air tout différent,
Et trouve en vos bontés un mérite si grand ;
J'y vois tant de raisons capables de défendre
L'inconstance de ceux qui s'en laissent surprendre,

Que je ne puis blâmer la nouveauté des feux
Dont envers moi Léandre a parjuré ses vœux,
Et le vais voir tantôt, sans haine et sans colère,
Ramené sous mes lois par le pouvoir d'un père.

SCENE XIV.
CÉLIE, HIPPOLYTE, MASCARILLE.

MASCARILLE.

Grande, grande nouvelle, et succès surprenant
Que ma bouche vous vient annoncer maintenant!

CELIE.

Qu'est-ce donc?

MASCARILLE.

Écoutez, voici sans flatterie...

CELIE.

Quoi?

MASCARILLE.

La fin d'une vraie et pure comédie.
La vieille Égyptienne à l'heure même....

CELIE.

Hé bien?

MASCARILLE.

Passait dedans la place et ne songeait à rien.
Alors qu'une autre vieille assez défigurée,
L'ayant de près au nez longtemps considérée,
Par un bruit enroué de mots injurieux,
A donné le signal d'un combat furieux, [ches,
Qui pour armes pourtant, mousquets, dagues, ou flé-
Ne faisait voir en l'air que quatre griffes sèches,
Dont ces deux combattants s'efforçaient d'arracher
Ce peu que sur leurs os les ans laissent de chair.
On n'entend que ces mots, chienne, louve, bagasse.
D'abord leurs scoffions ont volé par la place,
Et laissant voir à nu deux têtes sans cheveux,
Ont rendu le combat risiblement affreux.
Andrès et Trufaldin, à l'éclat de murmure,
Ainsi que force monde, accourus d'aventure,
Ont à les décharpir eu de la peine assez,
Tant leurs esprits étaient par la fureur poussés.
Cependant que chacune, après cette tempête,
Songe à cacher aux yeux la honte de sa tête,

Et que l'on veut savoir qui causait cette humeur,
Celle qui la première avait fait la rumeur,
Malgré la passion dont elle était émue,
Ayant sur Trufaldin tenu long-temps la vue :
C'est vous, si quelque erreur n'abuse ici mes yeux,
Qu'on m'a dit qui viviez inconnu dans ces lieux,
A-t-elle dit tout haut ; ô rencontre opportune.
Oui, seigneur Zanobio Ruberti, la fortune
Me fait vous reconnaître, et dans le même instant
Que par votre intérêt je me tourmentois tant.
Lorsque Naples vous vit quitter votre famille,
J'avais, vous le savez, en mes mains votre fille,
Dont j'élevais l'enfance, et qui, par mille traits,
Faisait voir, dès quatre ans, sa grace et ses attraits.
Celle que vous voyez, cette infame sorcière,
Dedans notre maison se rendant familière,
Me vola ce trésor. Hélas ! de ce malheur
Votre femme, je crois, conçut tant de douleur,
Que cela servit fort pour avancer sa vie !
Si bien qu'entre mes mains cette fille ravie
Me faisant redouter un reproche fâcheux,
Je vous fis annoncer la mort de toutes deux :
Mais il faut maintenant, puisque je l'ai connue,
Qu'elle fasse savoir ce qu'elle est devenue.
Au nom de Zanobio Ruberti, que sa voix,
Pendant tout ce récit répétait plusieurs fois,
Andrès, ayant changé quelque temps de visage,
A Trufaldin surpris a tenu ce langage :
Quoi donc ! le ciel me fait trouver heuseusement
Celui que jusqu'ici j'ai cherché vainement,
Et que j'avais pu voir, sans pourtant reconnaître
La source de mon sang et l'auteur de mon être !
Oui, mon père, je suis Horace votre fils.
D'Albert, qui me gardait, les jours étant finis,
Me sentant naître au cœur d'autres inquiétudes,
Je sortis de Bologne, et, quittant mes études,
Portai durant six ans mes pas en divers lieux,
Selon que me poussait un désir curieux :
Pourtant, après ce temps, une secrète envie
Me pressa de revoir les miens et ma patrie :

Mais dans Naples, hélas! je ne vous trouve plus.
Et n'y sus votre sort que par des bruits confus :
Si bien qu'à votre quête ayant perdu mes peines,
Venise pour un temps borna mes courses vaines :
Et j'ai vécu depuis, sans que de ma maison
J'eusse d'autres clartés que d'en savoir le nom.
Je vous laisse à juger si, pendant ces affaires,
Trufaldin ressentait des transports ordinaires.
Enfin, pour retrancher ce que plus à loisir
Vous aurez le moyen de vous faire éclaircir
Par la confession de votre Egyptienne,
Trufaldin maintenant vous reconnaît pour sienne;
Andrès est votre frère; et comme de sa sœur
Il ne peut plus songer à se voir possesseur,
Une obligation qu'il prétend reconnaître,
A fait qu'il vous obtient pour épouse à mon maître,
Dont le père, témoin de tout l'évènement,
Donne à cet hyménée un plein consentement,
Et pour mettre une joie entière en sa famille,
Pour le nouvel Horace a proposé sa fille.
Voyez que d'incidents à la fois enfantés !

CELIE.
Je demeure immobile à tant de nouveautés.

MASCARILLE.
Tous viennent sur mes pas, hors les deux championnes,
Qui du combat encor remettent leurs personnes.
Léandre est de la troupe, et votre père aussi.
Moi, je vais avertir mon maître de ceci,
Et que, lorsqu'à ses vœux on croit le plus d'obstacle,
Le ciel en sa faveur produit comme un miracle.

(*Mascarille sort.*)

HIPPOLYTE.
Un tel ravissement rend mes esprits confus,
Que pour mon propre sort je n'en aurais pas plus.
Mais les voici venir.

SCENE XV.
TRUFALDIN, ANSELME, PANDOLFE, CELIE, HIPPOLYTE, LÉANDRE, ANDRES

TRUFALDIN.
Ah ! ma fille !

ACTE V, SCENE XVI.

CÉLIE.

Ah! mon père!

TRUFALDIN.

Sais tu déjà comment ce ciel nous est prospère?

CÉLIE.

Je viens d'entendre ici ce succès merveilleux.

HIPPOLITE, *à Léandre.*

En vain vous parleriez pour excuser vos feux,
Si j'ai devant les yeux ce que vous pouvez dire.

LÉANDRE.

Un généreux pardon est ce que je désire :
Mais j'atteste les cieux, qu'en ce retour soudain
Mon père fait bien moins que mon propre dessein.

ANDRÈS, *à Célie.*

Qui l'aurait jamais cru, que cette ardeur si pure
Pût être condamnée un jour par la nature!
Toutefois tant d'honneur la sut toujours régir,
Qu'en y changeant fort peu, je puis la retenir.

CÉLIE.

Pour moi, je me blâmais, et croyais faire faute,
Quand je n'avais pour vous qu'une estime très-haute.
Je ne pouvais savoir quel obstacle puissant
M'arrêtait sur un pas si doux et si glissant,
Et détournait mon cœur de l'aveu d'une flamme
Que mes sens s'efforçaient d'introduire en mon ame.

TRUFALDIN, *à Célie.*

Mais en te recouvrant, que diras-tu de moi,
Si je songe aussitôt à me priver de toi,
Et t'engage à son fils sous les lois d'hyménée?

CÉLIE.

Que de vous maintenant dépend ma destinée.

SCENE XVI.

TRUFALDIN, ANSELME, PANDOLFE, CÉLIE, HIPPOLYTE, LELIE, LÉANDRE, ANDRÈS, MASCARILLE.

MASCARILLE, *à Lélie.*

Voyons si votre diable aura bien le pouvoir
De détruire à ce coup un si solide espoir;

Et si, contre l'excès du bien qui nous arrive,
Vous armerez encor votre imaginative.
Par un coup imprévu des destins les plus doux,
Vos vœux sont couronnés, et Célie est à vous.

LELIE.
Croirai-je que du ciel la puissance absolue?...

TRUFALDIN.
Oui, mon gendre, il est vrai.

PANDOLFE.
La chose est résolue.

ANDRÈS, à *Lélie*.
Je m'acquitte par là de ce que je vous dois.

LELIE, à *Mascarille*.
Il faut que je t'embrasse et mille et mille fois.
Dans cette joie....

MASCARILLE.
Ahi! Ahi! doucement, je vous prie,
Il m'a presque étouffé. Je crains fort pour Célie,
Si vous la caressez avec tant de transport;
De vos embrassements on se passerait fort.

TRUFALDIN, à *Lélie*.
Vous savez le bonheur que le ciel me renvoie;
Mais puisqu'un même jour nous met tous dans la joie,
Ne nous séparons point qu'il ne soit terminé;
Et que son père aussi nous soit vite amené.

MASCARILLE.
Vous voilà tous pourvus. N'est-il point quelque fille
Qui pût accommoder le pauvre Mascarille?
A voir chacun se joindre à sa chacune ici,
J'ai des démangeaisons de mariage aussi.

ANSELME.
J'ai ton fait.

MASCARILLE.
Allons donc; et que les cieux prospères
Nous donnent des enfants dont nous soyons les pères!

FIN DE L'ETOURDI.

LE DÉPIT AMOUREUX,

COMÉDIE EN CINQ ACTES.

1654.

PERSONNAGES.

Albert, père de Lucile et d'Ascagne.
Polidore, père de Valère.
Lucile, fille d'Albert.
Ascagne, fille d'Albert, déguisée en homme.
Eraste, amant de Lucile.
Valère, fils de Polidore.
Marinette, suivante de Lucile.
Frosine, confidente d'Ascagne.
Métaphraste, pédant.
Gros-René, valet d'Eraste.
Mascarille, valet de Valère.
La Rapière, bretteur.

La scène est à Paris.

LE DÉPIT AMOUREUX.

ACTE PREMIER.

SCÈNE PREMIÈRE.

ERASTE, GROS-RENÉ.

ERASTE.

Veux-tu que je te die? une atteinte secrète
Ne laisse point mon ame en une bonne assiette :
Oui, quoi qu'à mon amour tu puisses repartir,
Il craint d'être la dupe, à ne te point mentir;
Qu'en faveur d'un rival ta foi ne se corrompe,
Ou du moins qu'avec moi toi-même on ne te trompe.

GROS-RENE.

Pour moi, me soupçonner de quelque mauvais tour,
Je dirai, n'en déplaise à monsieur votre amour,
Que c'est injustement blesser ma prud'homie,
Et se connaître mal en physionomie.
Les gens de mon minois ne sont point accusés
D'être, grâces à Dieu, ni fourbes, ni rusés.
Cet honneur qu'on nous fait, je ne le démens guères
Et suis homme fort rond de toutes les manières.
Pour que l'on me trompât, cela se pourrait bien,
Le doute est mieux fondé; pourtant je n'en crois rien.
Je ne vois point encore, ou je suis une bête,
Sur quoi vous avez pu prendre martel en tête.
Lucile, à mon avis, vous montre assez d'amour;
Elle vous voit, vous parle à toute heure du jour;
Et Valère, après tout, qui cause votre crainte,
Semble n'être à présent souffert que par contrainte.

ERASTE.

Souvent d'un faux espoir un amant est nourri ;
Le mieux reçu toujours n'est pas le plus chéri ;
Et tout ce que d'ardeur font paraître les femmes,
Parfois n'est qu'un beau voile a courir d'autres flammes.
Valère enfin, pour être un amant rebuté,
Montre depuis un temps trop de tranquillité ;
Et ce qu'à ces faveurs dont tu crois l'apparence,
Il témoigne de joie. ou bien d'indifférence,
M'empoisonne a tous coups leurs plus charmants appas,
Me donne ce chagrin que tu ne comprends pas,
Tient mon bonheur en doute, et me rend difficile
Une entière croyance aux propos de Lucile.
Je voudrais, pour trouver un tel destin plus doux,
Y voir entrer un peu de son transport jaloux,
Et, sur ses déplaisirs et son impatience,
Mon ame prendrait lors une pleine assurance.
Toi-même penses-tu qu'on puisse, comme il fait,
Voir chérir un rival d'un esprit satisfait?
Et, si tu n'en crois rien, dis-moi, je t'en conjure,
Si j'ai lieu de rêver dessus cette aventure?

GROS-RENE.

Peut-être que son cœur a changé de désirs,
Connaissant qu'il poussait d'inutiles soupirs,

ERASTE.

Lorsque par les rebuts une ame est détachée,
Elle veut fuir l'objet dont elle fut touchée,
Et ne rompt point sa chaîne avec si peu d'eclat
Qu'elle puisse rester en un paisible etat.
De ce qu'on a chéri, la fatale présence
Ne nous laisse jamais dedans l'indifférence ;
Et, si de cette vue on n'accroît son dédain,
Notre amour est bien près de nous rentrer au sein:
Enfin, crois-moi, si bien qu'on éteigne une flamme,
Un peu de jalousie occupe encore une ame ;
Et l'on ne saurait voir, sans en être piqué,
Possé'er par un autre un cœur qu'on a manqué.

GROS-RENE.

Pour moi, je ne sais point tant de philosophie ;
Ce que voient mes yeux franchement je m'y fie,

Et ne suis point de moi si mortel ennemi,
Que je m'aille affliger sans sujet ni demi.
Pourquoi subtiliser, et faire le capable
A chercher des raisons pour être misérable?
Sur des soupçons en l'air je m'irais alarmer!
Laissons venir la fête avant que la chômer.
Le chagrin me paraît une incommode chose:
Je n'en prends point pour moi sans bonne et juste [cause,
Et mêmes à mes yeux cent sujets d'en avoir
S'offrent le plus souvent, que je ne veux pas voir.
Avec vous en amour je cours même fortune,
Celle que vous aurez me doit être commune :
La maîtresse ne peut abuser votre foi,
A moins que la suivante en fasse autant pour moi;
Mais j'en fuis la pensée avec un soin extrême.
Je veux croire les gens, quand on me dit, Je t'aime;
Et ne vais point chercher, pour m'estimer heureux,
Si Mascarille ou non s'arrache les cheveux.
Que tantôt Marinette endure qu'à son aise
Jodelet par plaisir la caresse et la baise,
Et que ce beau rival en rie ainsi qu'un fou :
A son exemple aussi j'en rirai tout mon soûl,
Et l'on verra qui rit avec meilleure grace.

ERASTE.

Voilà de tes discours.

GROS-RENE.

    Mais je la vois qui passe.

SCENE II.
ÉRASTE, MARINETTE, GROS-RENÉ.

GROS-RENE.

St, Marinette?

MARINETTE.

  Ho! ho! que fais-tu là?

GROS-RENE.

      Ma foi,
Demande; nous étions tout-à-l'heure sur toi.

MARINETTE.

Vous êtes aussi là, monsieur! Depuis une heure,
Vous m'avez fait trotter comme un Basque, je meure.

ERASTE.

Comment?

MARINETTE.

Pour vous chercher j'ai fait dix mille pas,
Et vous promets, ma foi...

ERASTE.

Quoi?

MARINETTE.

Que vous n'êtes pas
Au temple, au Cours, chez vous, ni dans la grande place.

GROS-RENE.

Il fallait en jurer.

ERASTE.

Apprends-moi donc, de grace,
Qui te fait me chercher?

MARINETTE.

Quelqu'un, en vérité,
Qui pour vous n'a pas trop mauvaise volonte;
Ma maîtresse, en un mot.

ERASTE.

Ah! chère Marinette,
Ton discours de son cœur est-il bien l'interprète?
Ne me déguise point un mystère fatal;
Je ne t'en voudrais pas pour cela plus de mal:
Au nom des dieux, dis-moi si ta belle maîtresse
N'abuse point mes vœux d'une fausse tendresse.

MARINETTE.

Hé! hé! d'où vous vient donc ce plaisant mouvement?
Elle ne fait pas voir assez son sentiment!
Quel garant est-ce encor que votre amour demande?
Que lui faut-il?

GROS-RENE.

A moins que Valère se pende,
Bagatelle, son cœur ne s'assurera point.

MARINETTE.

Comment?

GROS-RENE.

Il est jaloux jusques en un tel point.

MARINETTE.

De Valère? Ah! vraiment la pensée est bien belle!
Elle peut seulement naître en votre cervelle.
Je vous croyais du sens, et jusqu'à ce moment
J'avais de votre esprit quelque bon sentiment;
Mais, à ce que je vois, je m'étais fort trompée.
Ta tête de ce mal est-elle aussi frappée?

GROS-RENE.

Moi, jaloux? Dieu m'en garde, et d'être assez badin
Pour m'aller emmaigrir avec un tel chagrin!
Outre que de ton cœur ta foi me cautionne,
L'opinion que j'ai de moi même est trop bonne
Pour croire auprès de moi que quelque autre te plût.
Où diantre pourrais-tu trouver qui me valût?

MARINETTE.

En effet, tu dis bien; voilà comme il faut être.
Jamais de ces soupçons qu'un jaloux fait paraître.
Tout le fruit qu'on en cueille est de se mettre mal,
Et d'avancer par-là les desseins d'un rival.
Au mérite souvent de qui l'éclat vous blesse,
Vos chagrins font ouvrir les yeux d'une maîtresse,
Et j'en sais tel, qui doit son destin le plus doux
Aux soins trop inquiets de son rival jaloux.
Enfin, quoi qu'il en soit, témoigner de l'ombrage,
C'est jouer en amour un mauvais personnage,
Et se rendre, après tout, misérable à crédit.
Cela, seigneur Eraste, en passant vous soit dit.

ERASTE.

Hé bien! n'en parlons plus. Que venais-tu m'apprendre?

MARINETTE.

Vous mériteriez bien que l'on vous fît attendre,
Qu'afin de vous punir je vous tinsse caché
Le grand secret pour quoi je vous ai tant cherché.
Tenez, voyez ce mot, et sortez hors de doute;
Lisez-le donc tout haut, personne ici n'écoute.

ERASTE *lit.*

« Vous m'avez dit que votre amour
  « Etait capable de tout faire;
« Il se couronnera lui-même dans ce jour,
  « S'il peut avoir l'aveu d'un père.

« Faites parler les droits qu'on a dessus mon cœur,
 « Je vous en donne la licence;
  « Et, si c'est en votre faveur,
 « Je vous réponds de mon obéissance. »
Ah! quel bonheur! O toi! qui me l'as apporté,
Je te dois regarder comme une déité!

GROS-RENÉ.

Je vous le disais bien : contre votre croyance,
Je ne me trompe guère aux choses que je pense.

ERASTE, *relit*.

« Faites parler les droits qu'on a dessus mon cœur,
 « Je vous en donne la licence;
  « Et, si c'est en votre faveur,
 « Je vous réponds de mon obéissance. »

MARINETTE.

Si je lui rapportais vos faiblesses d'esprit,
Elle désavouerait bientôt un tel écrit.

ERASME.

Ah! cache-lui, de grace, une peur passagère,
Où mon ame a cru voir quelque peu de lumière;
Ou si tu la lui dis, ajoute que ma mort
Est prête d'expier l'erreur de ce transport;
Que je vais à ses pieds, si j'ai pu lui déplaire,
Sacrifier ma vie à sa juste colère.

MARINETTE.

Ne parlons point de mort, ce n'en est pas le temps.

ERASTE.

Au reste, je te dois beaucoup, et je prétends
Reconnaître dans peu de la bonne manière,
Les soins d'une si noble et si belle courrière.

MARINETTE.

A propos; savez-vous où je vous ai cherché
Tantôt encore?

ERASTE.

  Hé bien?

MARINETTE.

    Tout proche du marché.
Où vous savez.

ERASTE.

  Où donc?

ACTE I, SCÈNE II.

MARINETTE.
Là... dans cette boutique
Où dès le mois passé votre cœur magnifique
Me promit, de sa grace, une bague.

ÉRASTE.
Ah ! j'entends.

GROS-RENÉ.
La matoise !

ÉRASTE.
Il est vrai, j'ai tardé trop longtemps
A m'acquitter vers toi d'une telle promesse :
Mais...

MARINETTE.
Ce que j'en ai dit, n'est pas que je vous presse.

GROS-RENÉ.
Ho ! que non !

ÉRASTE *lui donne sa bague.*
Celle-ci peut-être aura de quoi
Te plaire ; accepte-la pour celle que je doi.

MARINETTE.   [prendre.
Monsieur, vous vous moquez ; j'aurais honte à la

GROS-RENÉ.
Pauvre honteuse ! prends sans davantage attendre ;
Refuser ce qu'on donne est bon à faire aux fous.

MARINETTE.
Ce sera pour garder quelque chose de vous.

ÉRASTE.
Quand puis-je rendre grace à cet ange adorable ?

MARINETTE.
Travaillez à vous rendre un père favorable.

ÉRASTE.
Mais s'il me rebutait, dois-je... ?

MARINETTE.
Alors comme alors :
Pour vous on emploiera toutes sortes d'efforts.
D'une façon ou d'autre il faut qu'elle soit vôtre :
Faites votre pouvoir et nous ferons le nôtre

ÉRASTE.
Adieu, nous en saurons le succès dans ce jour.
(*Éraste relit la lettre tout bas.*)

MARINETTE, *à Gros-René.*
Et nous, que dirons-nous aussi de notre amour?
Tu ne m'en parles point.
GROS-RENÉ.
Un hymen qu'on souhaite,
Entre gens comme nous, est chose bientôt faite.
Je te veux; me veux-tu de même?
MARINETTE.
Avec plaisir.
GROS-RENÉ.
Touche : il suffit.
MARINETTE.
Adieu, Gros-René, mon désir.
GROS-RENÉ.
Adieu, mon astre.
MARINETTE.
Adieu, beau tison de ma flamme.
GROS-RENÉ.
Adieu, chère comète, arc-en-ciel de mon ame.
(*Marinette sort.*)
Le bon Dieu soit loué, nos affaires vont bien;
Albert n'est pas un homme à vous refuser rien.
ÉRASTE.
Valère vient à nous.
GROS-RENÉ.
Je plains le pauvre hère,
Sachant ce qui se passe.

SCENE III.

VALÈRE, ÉRASTE, GROS-RENÉ.

ÉRASTE.
Hé bien ! seigneur Valère?
VALÈRE.
Hé bien, seigneur Eraste?
ÉRASTE.
En quel état l'amour?
VALÈRE.
En quel état vos feux?

ACTE I, SCÈNE III.

ÉRASTE.
　　　　　Plus forts de jour en jour.
VALÈRE.
Et mon amour plus fort.
ÉRASTE.
　　　　Pour Lucile?
VALÈRE.
　　　　　　　　Pour elle.
ÉRASTE.
Certes, je l'avouerai, vous êtes le modèle
D'une rare constance.
VALÈRE.
　　　　　　Et votre fermeté
Doit être un rare exemple à la postérité.
ÉRASTE.
Pour moi, je suis peu fait à cet amour austère,
Qui dans les seuls regards trouve à se satisfaire;
Et je ne forme point d'assez beaux sentiments
Pour souffrir constamment les mauvais traitements :
Enfin quand j'aime bien, j'aime fort que l'on m'aime.
VALÈRE.
Il est très naturel, et j'en suis bien de même.
Le plus parfait objet dont je serais charmé,
N'aurait pas mes tributs, n'en étant point aimé.
ÉRASTE.
Lucile cependant.....
VALÈRE.
　　　　　　Lucile dans son ame,
Rend tout ce que je veux qu'elle rende à ma flamme.
ÉRASTE.
Vous êtes donc facile à contenter?
VALÈRE.
　　　　　　　　　　　Pas tant
Que vous pourriez penser.
ÉRASTE.
　　　　　　　　Je puis croire pourtant,
Sans trop de vanité que je suis en sa grace.
VALÈRE.
Moi, je sais que j'y tiens une assez bonne place.
ÉRASTE.
Ne vous abusez point, croyez-moi.

VALÈRE.

Croyez-moi,
Ne laissez point duper vos yeux à trop de foi.

ÉRASTE.

Si j'osais vous montrer une preuve assurée
Que son cœur... Non, votre ame en serait altérée.

VALÈRE.

Si je vous osais, moi, découvrir en secret...
Mais je vous fâcherais, et veux être discret.

ÉRASTE.

Vraiment, vous me poussez, et, contre mon envie,
Votre présomption veut que je l'humilie.
Lisez.

VALÈRE, *après avoir lu.*

Ces mots sont doux.

ÉRASTE.

Vous connaissez la main?

VALÈRE.

Oui, de Lucile.

ÉRASTE.

Hé bien? cet espoir si certain...

VALÈRE, *riant et s'en allant.*

Adieu, seigneur Eraste.

GROS-RENÉ.

Il est fou, le bon sire.
Où vient-il donc pour lui de voir le mot pour rire?

ÉRASTE.

Certes, il me surprend, et j'ignore, entre nous,
Quel diable de mystère est caché là-dessous.

GROS-RENÉ.

Son valet vient, je pense.

ÉRASTE.

Oui, je le vois paraître.
Feignons, pour le jeter sur l'amour de son maître.

SCENE IV.

ÉRASTE, MASCARILLE, GROS-RENÉ.

MASCARILLE, *à part.*

Non, je ne trouve point d'état plus malheureux
Que d'avoir un patron jeune et fort amoureux.

ACTE I, SCENE IV.

GROS-RENÉ.

Bonjour.

MASCARILLE.

Bonjour.

GROS-RENÉ.

Où tend Mascarille à cette heure?
Que fait-il? revient-il? va-t-il? ou s'il demeure?

MASCARILLE.

Non, je ne reviens pas, car je n'ai pas été;
Je ne vais pas aussi, car je suis arrêté;
Et ne demeure pas, car, tout de ce pas même,
Je prétends m'en aller.

ÉRASTE.

La rigueur est extrême:
Doucement, Mascarille.

MASCARILLE.

Ah! monsieur, serviteur.

ÉRASTE.

Vous nous fuyez bien vite! hé quoi! vous fais-je peur?

MASCARILLE.

Je ne crois pas cela de votre courtoisie.

ÉRASTE.

Touche; nous n'avons plus sujet de jalousie,
Nous devenons amis, et mes feux que j'eteins,
Laissent la place libre à vos heureux desseins.

MASCARILLE.

Plût à Dieu!

ÉRASTE.

Gros-René sait qu'ailleurs je me jette.

GROS-RENÉ.

Sans doute; et je te cède aussi la Marinette.

MASCARILLE.

Passons sur ce point-là; notre rivalité
N'est pas pour en venir à grande extrémité:
Mais est-ce un coup bien sûr que votre seigneurie
Soit désenamourée, ou si c'est raillerie?

ÉRASTE.

J'ai su qu'en ses amours ton maître était trop bien,
Et je serais un fou de prétendre plus rien

Aux étroites faveurs qu'il a de cette belle.
MASCARILLE.
Certes, vous me plaisez avec cette nouvelle.
Outre qu'en nos projets je vous craignais un peu,
Vous tirez sagement votre épingle du jeu.
Oui, vous avez bien fait de quitter une place
Où l'on vous caressait pour la seule grimace;
Et mille fois, sachant tout ce qui se passait,
J'ai plaint le faux espoir dont on vous repaissait:
On offense un brave homme alors que l'on l'abuse.
Mais d'où diantre, après tout, avez-vous su la ruse?
Car cet engagement mutuel de leur foi
N'eut pour témoins, la nuit, que deux autres et moi,
Et l'on croit jusqu'ici la chaîne fort secrète
Qui rend de nos amants la flamme satisfaite.
ÉRASTE.
Hé! que dis-tu?
MASCARILLE.
Je dis que je suis interdit,
Et ne sais pas, monsieur, qui peut vous avoir dit
Que, sous ce faux semblant, qui trompe tout le monde
En vous trompant aussi, leur ardeur sans seconde
D'un secret mariage a serré le lien.
ÉRASTE.
Vous en avez menti.
MASCARILLE.
Monsieur, je le veux bien.
ÉRASTE.
Vous êtes un coquin.
MASCARILLE.
D'accord.
ÉRASTE.
Et cette audace
Mériterait cent coups de bâton sur la place.
MASCARILLE.
Vous avez tout pouvoir.
ÉRASTE.
Ah! Gros-René!
GROS-RENÉ.
Monsieur.

ÉRASTE.
Je démens un discours dont je n'ai que trop peur.
(à Mascarille.)
Tu penses fuir.

MASCARILLE.
Nenni.

ÉRASTE.
Quoi! Lucile est la femme?..

MASCARILLE.
Non, monsieur, je raillais.

ÉRASTE.
Ah! vous raillez, infame!

MASCARILLE.
Non, je ne raillais point.

ÉRASTE.
Il est donc vrai?

MASCARILLE.
Non pas.
Je ne dis pas cela.

ÉRASTE.
Que dis-tu donc?

MASCARILLE.
Hélas!
Je ne dis rien, de peur de mal parler.

ÉRASTE.
Assure
Ou si c'est chose vraie, ou si c'est imposture.

MASCARILLE.
C'est ce qu'il vous plaira ; je ne suis pas ici
Pour vous rien contester.

ÉRASTE, *tirant son épée.*
Veux-tu dire? Voici,
Sans marchander, de quoi te délier la langue.

MASCARILLE.
Elle ira faire encor quelque sotte harangue.
Hé! de grace, plutôt, si vous le trouvez bon,
Donnez-moi vitement quelques coups de bâton,
Et me laissez tirer mes chausses sans murmure.

ÉRASTE.
Tu mourras, ou je veux que la vérité pure
S'exprime par ta bouche.

Mais cependant je vois qu'il garde intelligence
Avec celle de qui vous tenez la naissance.
J'ai su qu'en secret même il lui faisait du bien,
Et peut-être cela ne se fait pas pour rien.
D'autre part, il vous veut porter au mariage ;
Et, comme il le pretend, c'est un mauvais langage.
Je ne sais s'il saurait la supposition
Sans le déguisement ; mais la digression
Tout insensiblement pourrait trop loin s'étendre :
Revenons au secret que je brûle d'apprendre.

ASCAGNE.

Sachez donc que l'amour ne sait point s'abuser,
Que mon sexe à ses yeux n'a pu se déguiser,
Et que ses traits subtils, sous l'habit que je porte,
Ont su trouver le cœur d'une fille peu forte :
J'aime, enfin.

FROSINE.

Vous aimez !

ASCAGNE.

Frosine, doucement.
N'entrez pas tout à fait dedans l'étonnement ;
Il n'est pas temps encore ; et ce cœur, qui soupire,
A bien pour vous surprendre autre chose a vous dir

FROSINE.

Et quoi?

ASCAGNE.

J'aime Valère.

FROSINE.

Ah! vous avez raison ;
L'objet de votre amour, lui, dont à la maison
Votre imposture enlève un puissant héritage,
Et qui, de votre sexe ayant le moindre ombrage,
Verrait incontinent ce bien lui retourner !
C'est encore un plus grand sujet de s'étonner.

ASCAGNE.

J'ai de quoi, toutefois, surprendre plus votre ame :
Je suis sa femme.

ACTE II, SCÈNE I.

FROSINE.

O dieux! sa femme?

ASCAGNE.

Oui, sa femme.

FROSINE.

Ah! certes, celui-là l'emporte, et vient à bout
De toute ma raison.

ASCAGNE.

Ce n'est pas encor tout.

FROSINE.

Encore?

ASCAGNE.

Je la suis, dis-je, sans qu'il le pense,
Ni qu'il ait de mon sort la moindre connaissance.

FROSINE.

Ho! poussez; je le quitte, et ne raisonne plus,
Tant mes sens coup sur coup se trouvent confondus.
A ces énigmes-là je ne puis rien comprendre.

ASCAGNE.

Je vais vous l'expliquer, si vous voulez m'entendre.
Valere, dans les fers de ma sœur arrêté,
Me semblait un amant digne d'être écouté;
Et je ne pouvais voir qu'on rebutât sa flamme,
Sans qu'un peu d'intérêt touchât pour lui mon ame;
Je voulais que Lucile aimât son entretien;
Je blâmais ses rigueurs; et les blâmai si bien,
Que moi-même j'entrai, sans pouvoir m'en défendre,
Dans tous les sentiments qu'elle ne pouvait prendre.
C'était, en lui parlant, moi qu'il persuadait;
Je me laissais gagner aux soupirs qu'il perdait;
Et ses vœux, rejetes de l'objet qui l'enflamme,
Etaient, comme vainqueurs, reçus dedans mon ame.
Ainsi mon cœur, Frosine, un peu trop faible, hélas!
Se rendit à des soins qu'on ne lui rendait pas,

Par un coup réfléchi reçut une blessure.
Et paya pour un autre avec beaucoup d'usure.
Enfin, ma chère, enfin, l'amour que j'eus pour lui
Se voulut expliquer, mais sous le nom d'autrui.
Dans ma bouche, une nuit, cet amant trop aimable
Crut rencontrer Lucile à ses vœux favorable,
Et je sus ménager si bien cet entretien,
Que du déguisement il ne reconnut rien.
Sous ce voile trompeur, qui flattait sa pensée,
Je lui dis que pour lui mon ame était blessée,
Mais que, voyant mon père en d'autres sentiments,
Je devais une feinte à ses commandements ;
Qu'ainsi de notre amour nous ferions un mystère
Dont la nuit seulement serait dépositaire ;
Et qu'entre nous, de jour, de peur de rien gâter,
Tout entretien secret se devait éviter ;
Qu'il me verrait alors la même indifférence
Qu'avant que nous eussions aucune intelligence ;
Et que de son côté, de même que du mien,
Geste, parole, écrit, ne m'en dît jamais rien.
Enfin, sans m'arrêter sur toute l'industrie
Dont j'ai conduit le fil de cette tromperie,
J'ai poussé jusqu'au bout un projet si hardi,
Et me suis assuré l'époux que je vous di.

FROSINE.

Peste ! les grands talents que votre esprit possède !
Dirait-on qu'elle y touche avec sa mine froide ?
Cependant vous avez été bien vite ici ;
Car je veux que la chose ait d'abord réussi,
Ne jugez-vous pas bien, à regarder l'issue,
Qu'elle ne peut longtemps éviter d'être sue ?

ASCAGNE.

Quand l'amour est bien fort, rien ne peut l'arrêter ;
Ses projets seulement vont à se contenter ;
Et, pourvu qu'il arrive au but qu'il se propose,
Il croit que tout le reste après est peu de chose.
Mais enfin aujourd'hui je me découvre à vous,
Afin que vos conseils.... Mais voici cet époux.

SCENE II.
VALÈRE, ASCAGNE, FROSINE.

VALÈRE.
Si vous êtes tous deux en quelque conférence
Où je vous fasse tort de mêler ma présence,
Je me retirerai.

ASCAGNE.
Non, non, vous pouvez bien,
Puisque vous le faisiez, rompre notre entretien.

VALÈRE.
Moi?

ASCAGNE.
Vous même.

VALÈRE.
Et comment?

ASCAGNE.
Je disais que Valère
Aurait, si j'étais fille, un peu trop su me plaire,
Et que, si je faisais tous les vœux de mon cœur,
Je ne tarderais guère à faire son bonheur.

VALÈRE.
Ces protestations ne coûtent pas grand'chose,
Alors qu'a leur effet un pareil si s'oppose;
Mais vous seriez bien pris, si quelque évènement
Allait mettre à l'épreuve un si doux compliment.

ASCAGNE.
Point du tout : je vous dis que, régnant dans votre ame,
Je voudrais de bon cœur couronner votre flamme.

VALÈRE.
Et si c'était quelqu'une où par votre secours
Vous puissiez être utile au bonheur de mes jours?

ASCAGNE.
Je pourrais assez mal répondre à votre attente.

VALÈRE.
Cette confession n'est pas fort obligeante.

ASCAGNE.
Hé quoi! vous voudriez, Valère, injustement
Qu'étant fille, et mon cœur vous aimant tendrement,

Je m'allasse engager avec une promesse
De servir vos ardeurs pour quelque autre maîtresse?
Un si pénible effort, pour moi, m'est interdit.

VALÈRE.

Mais cela n'étant pas?

ASCAGNE.

Ce que je vous ai dit;
Je l'ai dit comme fille, et vous le devez prendre
Tout de même.

VALÈRE.

Ainsi, donc il ne faut rien prétendre,
Ascagne, à des bontés que vous auriez pour nous,
A moins que le ciel fasse un grand miracle en vous;
Bref, si vous n'êtes fille, adieu votre tendresse,
Il ne vous reste rien qui pour nous s'intéresse.

ASCAGNE.

J'ai l'esprit délicat plus qu'on ne peut penser,
Et le moindre scrupule a de quoi m'offenser
Quand il s'agit d'aimer. Enfin je suis sincère,
Je ne m'engage point à vous servir, Valère,
Si vous ne m'assurez, au moins, absolument
Que vous gardez pour moi le même sentiment;
Que pareille chaleur d'amitié vous transporte,
Et que, si j'étais fille, une flamme plus forte
N'outragerait point celle où je vivrais pour vous.

VALÈRE.

Je n'avais jamais vu ce scrupule jaloux:
Mais, tout nouveau qu'il est, ce mouvement m'oblige,
Et je vous fais ici tout l'aveu qu'il exige.

ASCAGNE.

Mais sans fard?

VALÈRE

Oui, sans fard.

ASCAGNE.

S'il est vrai, désormais
Vos intérêts seront les miens, je vous promets.

VALÈRE.

J'ai bientôt à vous dire un important mystère.
Où l'effet de ces mots me sera nécessaire.

ASCAGNE.
Et j'ai quelque secret de même à vous ouvrir,
Où votre cœur pour moi se pourra découvrir.
VALÈRE.
Hé! de quelle façon cela pourrait-il être?
ASCAGNE.
C'est que j'ai de l'amour qui n'oserait paraître;
Et vous pourriez avoir sur l'objet de mes vœux
Un empire a pouvoir rendre mon sort heureux.
VALÈRE.
Expliquez-vous, Ascagne; et croyez, par avance,
Que votre heur est certain, s'il est en ma puissance.
ASCAGNE.
Vous promettez ici plus que vous ne croyez.
VALÈRE.
Non, non : dites l'objet pour qui vous m'employez.
ASCAGNE.
Il n'est pas encor temps; mais c'est une personne
Qui vous touche de près.
VALÈRE.
    Votre discours m'étonne.
Plût à Dieu que ma sœur!....
ASCAGNE.
     Ce n'est pas la saison
De m'expliquer, vous dis-je.
VALÈRE.
     Et pourquoi?
ASCAGNE.
      Pour raison:
Vous saurez mon secret, quand je saurai le vôtre.
VALÈRE.
J'ai besoin pour cela de l'aveu de quelque autre.
ASCAGNE.
Ayez-le donc; et lors, nous expliquant nos vœux,
Nous verrons qui tiendra mieux parole des deux.
VALÈRE.
Adieu, j'en suis content.
ASCAGNE.
    Et moi content, Valère.
(Valère sort.)

FROSINE.
Il croit trouver en vous l'assistance d'un frère.

SCÈNE III.

LUCILE, ASCAGNE, FROSINE, MARINETTE.

LUCILE, *à Marinette, les trois premiers vers.*
C'en est fait ; c'est ainsi que je puis me venger,
Et si cette action a de quoi l'affliger,
C'est toute la douceur que mon cœur se propose.
Mon frère, vous voyez une métamorphose.
Je veux chérir Valère après tant de fierté,
Et mes vœux maintenant tournent de son côté.

ASCAGNE.
Que dites-vous, ma sœur? Comment! courir au change!
Cette inégalité me semble trop étrange.

LUCILE.
La vôtre me surprend avec plus de sujet.
De vos soins autrefois Valère était l'objet,
Je vous ai vu pour lui m'accuser de caprice,
D'aveugle cruauté, d'orgueil et d'injustice :
Et quand je veux l'aimer mon dessein vous déplait !
Et je vous vois parler contre son intérêt !

ASCAGNE.
Je le quitte, ma sœur, pour embrasser le vôtre;
Je sais qu'il est rangé dessous les lois d'un autre;
Et ce serait un trait honteux à vos appas,
Si vous le rappeliez et qu'il ne revînt pas.

LUCILE.
Si ce n'est que cela, j'aurai soin de ma gloire,
Et je sais, pour son cœur, tout ce que j'en dois croire;
Il s'explique à mes yeux intelligiblement :
Ainsi découvrez-lui, sans peur, mon sentiment ;
Ou, si vous refusez de le faire, ma bouche
Lui va faire savoir que mon ardeur le touche...
Quoi ! mon frère, à ces mots vous restez interdit !

ASCAGNE.
Ah ! ma sœur! si sur vous je puis avoir crédit,
Si vous êtes sensible aux prières d'un frère,
Quittez un tel dessein, et n'ôtez point Valère

Aux vœux d'un jeune objet dont l'intérêt m'est cher,
Et qui, sur ma parole, a droit de vous toucher.
La pauvre infortunée aime avec violence :
A moi seul de ses feux elle fait confidence,
Et je vois dans son cœur de tendres mouvements
A dompter la fierté des plus durs sentiments.
Oui, vous aurez pitié de l'état de son ame,
Connaissant de quel coup vous menacez sa flamme,
Et je ressens si bien la douleur qu'elle aura,
Que je suis assuré, ma sœur, qu'elle en mourra,
Si vous lui dérobez l'amant qui peut lui plaire.
Eraste est un parti qui doit vous satisfaire,
Et des feux mutuels....

LUCILE.
Mon frère, c'est assez.
Je ne sais point pour qui vous vous intéressez ;
Mais, de grace, cessons ce discours, je vous prie,
Et me laissez un peu dans quelque rêverie.

ASCAGNE.
Allez, cruelle sœur, vous me désespérez
Si vous effectuez vos desseins déclarés.

SCÈNE IV.
LUCILE, MARINETTE.

MARINETTE.
La résolution, madame, est assez prompte.

LUCILE.
Un cœur ne pèse rien, alors que l'on l'affronte ;
Il court à sa vengeance, et saisit promptement
Tout ce qu'il croit servir à son ressentiment.
Le traître ! faire voir cette insolence extrême !

MARINETTE.
Vous m'en voyez encor toute hors de moi-même ;
Et quoique là-dessus je rumine sans fin,
L'aventure me passe, et j'y perds mon latin.
Car enfin, aux transports d'une bonne nouvelle
Jamais cœur ne s'ouvrit d'une façon plus belle ;
De l'écrit obligeant le sien tout transporté,
Ne me donnait pas moins que de la déité :

Et cependant jamais, à cet autre message,
Fille ne fut traitée avecque tant d'outrage.
Je ne sais, pour causer de si grands changements,
Ce qui s'est pu passer entre ces courts moments.

LUCILE.

Rien ne s'est pu passer dont il faille être en peine,
Puisque rien ne le doit défendre de ma haine.
Quoi! tu voudrais chercher hors de sa lâcheté,
La secrète raison de cette indignité?
Cet écrit malheureux, dont mon ame s'accuse,
Peut-il à son transport souffrir la moindre excuse?

MARINETTE.

En effet; je comprends que vous avez raison,
Et que cette querelle est pure trahison.
Nous en tenons, madame : et puis, prêtons l'oreille
Aux bons chiens de pendards qui nous chantent merveille,
Qui, pour nous accrocher, feignent tant de langueur;
Laissons à leurs beaux mots fondre notre rigueur;
Rendons-nous à leurs vœux, trop faibles que nous sommes!
Foin de notre sottise, et peste soit des hommes!

LUCILE.

Hé bien! bien! qu'il s'en vante et rie à nos dépens,
Il n'aura pas sujet d'en triompher longtemps :
Et je lui ferai voir qu'en une ame bien faite
Le mépris suit de près la faveur qu'on rejette.

MARINETTE.

Au moins, en pareil cas, est-ce un bonheur bien doux,
Quand on sait qu'on n'a point d'avantage sur vous.
Marinette eut bon nez, quoi qu'on en puisse dire,
De ne permettre rien un soir qu'on voulait rire.
Quelque autre, sous espoir du *matrimonion*,
Aurait ouvert l'oreille à la tentation;
Mais moi, *nescio vos*.

LUCILE.
          Que tu dis de folies,
Et choisis mal ton temps pour de telles saillies!
Enfin je suis touchée au cœur sensiblement;
Et si jamais celui de ce perfide amant,

Par un coup de bonheur, dont j'aurais tort, je pense,
De vouloir à présent concevoir l'espérance,
(Car le ciel a trop pris plaisir à m'affliger,
Pour me donner celui de me pouvoir venger ;)
Quand, dis-je, par un sort à mes désirs propice,
Il reviendrait m'offrir sa vie en sacrifice,
Detester à mes pieds l'action d'aujourd'hui,
Je te défends, surtout, de me parler pour lui.
Au contraire, je veux que ton zèle s'exprime
A me bien mettre aux yeux la grandeur de son crime;
Et même si mon cœur était pour lui tente
De descendre jamais à quelque lâcheté,
Que ton affection me soit alors sévère,
Et tienne comme il faut la main à ma colère.

MARINETTE.

Vraiment, n'ayez point peur, et laissez faire à nous;
J'ai pour le moins autant de colère que vous ;
Et je serais plutôt fille toute ma vie ,
Que mon gros traître aussi me redonnât envie.
S'il vient...

SCENE V.

ALBERT, LUCILE, MARINETTE.

ALBERT.

Rentrez, Lucile, et me faites venir
Le précepteur ; je veux un peu l'entretenir,
Et m'informer de lui qui me gouverne Ascagne,
S'il sait point quel ennui depuis peu l'accompagne.

SCÈNE VI.

ALBERT, seul.

En quel gouffre de soins et de perplexité
Nous jette une action faite sans équité !
D'un enfant supposé par mon trop d'avarice,
Mon cœur depuis longtemps souffre bien le supplice;
Et quand je vois les maux où je me suis plongé,
Je voudrais à ce bien n'avoir jamais songé.
Tantôt je crains de voir, par la fourbe éventée,
Ma famille en opprobre et misère jetée ;

Tantôt pour ce fils-là qu'il me faut conserver,
Je crains cent accidents qui peuvent arriver.
S'il advient que dehors quelque affaire m'appelle,
J'appréhende au retour cette triste nouvelle :
Las ! vous ne savez pas ? Vous l'a-t-on annoncé ?
Votre fils a la fièvre, ou jambe, ou bras cassé :
Enfin, à tous moments, sur quoi que je m'arrête,
Cent sortes de chagrins me roulent par la tête.
Ah !...

SCENE VII.

ALBERT, METAPHRASTE.

METAPHRASTE.

Mandatum tuum curo diligenter.

ALBERT.

Maître, j'ai voulu....

METAPHRASTE.

Maître est dit *à magister.*
C'est comme qui dirait trois fois plus grand.

ALBERT.

Je meure,
Si je savais cela. Mais, soit, à la bonne heure.
Maître, donc...

METAPHRASTE.

Poursuivez.

ALBERT.

Je veux poursuivre aussi :
Mais ne poursuivez point, vous, d'interrompre ainsi.
Donc, encore une fois, maître, c'est la troisième,
Mon fils me rend chagrin, vous savez que je l'aime,
Et que soigneusement je l'ai toujours nourri.

METAPHRASTE.

Il est vrai; *Filio non potest præferri
Nisi filius.*

ALBERT.

Maître, en discourant ensemble,
Ce jargon n'est pas fort nécessaire, me semble;
Je vous crois grand latin, et grand docteur juré,
Je m'en rapporte à ceux qui m'en ont assuré :

Mais dans un entretien qu'avec vous je destine,
N'allez point déployer toute votre doctrine,
Faire le pédagogue, et cent mots me cracher,
Comme si vous étiez en chaire pour prêcher.
Mon père, quoiqu'il eût la tête des meilleures,
Ne m'a jamais rien fait apprendre que mes heures,
Qui, depuis cinquante ans, dites journellement,
Ne sont encor pour moi que du haut allemand.
Laissez donc en repos votre science auguste,
Et que votre langage à mon faible s'ajuste.

MÉTAPHRASTE.

Soit.

ALBERT.

A mon fils, l'hymen semble lui faire peur;
Et sur quelque parti que je sonde son cœur,
Pour un pareil lien il est froid et recule.

MÉTAPHRASTE.

Peut-être a-t-il l'humeur du frère de Marc-Tulle,
Dont avec Atticus le même fait *sermon;*
Et comme aussi les Grecs disent, *Atanaton....*

ALBERT.

Mon Dieu ! maître éternel, laissez là, je vous prie
Les Grecs, les Albanais, avec l'Esclavonie,
Et tous ces autres gens dont vous voulez parler;
Eux et mon fils n'ont rien ensemble à démêler.

MÉTAPHRASTE.

Hé bien donc, votre fils ?

ALBERT.

Je ne sais si dans l'ame
Il ne sentirait point une secrète flamme;
Quelque chose le trouble, ou je suis fort déçu;
Et je l'aperçus hier, sans en être aperçu,
Dans un recoin du bois où nul ne se retire.

MÉTAPHRASTE.

Dans un lieu reculé du bois, voulez-vous dire,
Un endroit écarté, *latinè, secessus;*
Virgile l'a dit, *Est in secessu locus...*

ALBERT.

Comment aurait-il pu l'avoir dit, ce Virgile,
Puisque je suis certain que dans ce lieu tranquille,

Ame du monde enfin n'était lors que nous deux.
MÉTAPHRASTE.
Virgile est nommé là comme un auteur fameux
D'un terme plus choisi que le mot que vous dites,
Et non comme témoin de ce qu'hier vous vîtes.
ALBERT.
Et moi, je vous dis, moi que je n'ai pas besoin
De terme plus choisi, d'auteur, ni de témoin,
Et qu'il suffit ici de mon seul témoignage.
MÉTAPHRASTE.
Il faut choisir pourtant les mots mis en usage
Par les meilleurs auteurs : *Tu vivendo, bonos,*
Comme on dit, *scribendo, sequare peritos.*
ALBERT.
Homme, ou démon, veux-tu m'entendre sans con-
MÉTAPHRASTE.
Quintilien en fait le précepte.
ALBERT.
                            La peste
Soit du causeur !
MÉTAPHRASTE.
              Et dit là-dessus doctement.
Un mot que vous serez bien aise assurément
D'entendre.
ALBERT.
          Je serai le diable qui t'emporte,
Chien d'homme ! Oh ! que je suis tenté d'étrange sorte
De faire sur ce mufle une application !
MÉTAPHRASTE.
Mais qui cause, seigneur, votre inflammation ?
Que voulez-vous de moi ?
ALBERT.
                    Je veux que l'on m'écoute,
Vous ai-je dit vingt fois, quand je parle.
MÉTAPHRASTE.
                              Ah ! sans doute;
Vous serez satisfait, s'il ne tient qu'à cela :
Je me tais.
ALBERT
        Vous ferez sagement.

ACTE II, SCÈNE VII.

MÉTAPHASTE.

Me voilà
Tout prêt de vous ouïr.

ALBERT.

Tant mieux.

METAPHRASTE.

Que je trépasse,
Si je dis plus mot.

ALBERT.

Dieu vous en fasse la grace !

METAPHRASTE.

Vous n'accuserez point mon caquet désormais.

ALBERT.

Ainsi soit-il!

METAPHRASTE.

Parlez quand vous voudrez.

ALBERT.

J'y vais.

METAPHRASTE.

Et n'appréhendez plus l'interruption nôtre.

ALBERT.

C'est assez dit.

METAPHRASTE.

Je suis exact plus qu'aucun autre.

ALBERT.

Je le crois.

METAPHRASTE.

J'ai promis que je ne dirais rien.

ALBERT.

Suffit.

METAPHRASTE.

Dès à présent je suis muet.

ALBERT.

Fort bien.

METAPHRASTE.

Parlez; courage : au moins je vous donne audience.
Vous ne vous plaindrez pas de mon peu de silence :
Je ne desserre pas la bouche seulement.

ALBERT, *à part*.

Le traître !

MÉTAPHRASTE.

Mais, de grâce, achevez vitement :
Depuis longtemps j'écoute ; il est bien raisonnable
Que je parle à mon tour.

ALBERT.

Donc, bourreau détestable..

MÉTAPHRASTE.

Hé ! bon Dieu ! voulez-vous que j'écoute à jamais ?
Partageons le parler au moins, ou je m'en vais.

ALBERT.

Ma patience est bien..

MÉTAPHRASTE.

Quoi ! voulez-vous poursuivre ?
Ce n'est pas encor fait ? *Per Jovem !* je suis ivre !

ALBERT.

Je n'ai pas dit...

MÉTAPHRASTE.

Encor ? Bon dieu ! que de discours !
Rien n'est-il suffisant d'en arrêter le cours ?

ALBERT.

J'enrage.

MÉTAPHRASTE.

De rechef ? O l'étrange torture !
Hé ! laissez-moi parler un peu, je vous conjure.
Un sot qui ne dit mot ne se distingue pas
D'un savant qui se tait.

ALBERT.

Parbleu ! tu te tairas.

SCÈNE VIII.

MÉTAPHRASTE, *seul.*

D'où vient fort à propos cette sentence expresse
D'un philosophe : parle afin qu'on te connaisse.
Doncque, si de parler le pouvoir m'est ôté,
Pour moi, j'aime autant perdre aussi l'humanité,
Et changer mon essence en celle d'une bête.
Me voilà pour huit jours avec un mal de tête.
Oh ! que les grands parleurs par moi sont détestés !
Mais quoi ! si les savants ne sont pas écoutés,

Si l'on veut que toujours ils aient la bouche close,
Il faut donc renverser l'ordre de chaque chose ;
Que les poules dans peu dévorent les renards ;
Que les jeunes enfants remontrent aux vieillards ;
Qu'a poursuivre les loups les agnelets s'ébattent ;
Qu'un fou fasse les lois ; que les femmes combattent ;
Que par les criminels les juges soient jugés,
Et par les écoliers les maîtres fustigés ;
Que le malade au sain présente le remède ;
Que le lièvre craintif...

SCENE IX.

ALBERT, METAPHRASTE.

Albert sonne aux oreilles de Métaphraste une cloche de mulet, qui le fait fuir.

MÉTAPHRASTE, *fuyant.*
     Miséricorde ! à l'aide !

FIN DU SECOND ACTE.

ACTE III.

SCÈNE PREMIÈRE.

MASCARILLE.

Le ciel parfois seconde un destin téméraire,
Et l'on sort, comme on peut, d'une méchante affaire,
Pour moi, qu'une imprudence a trop fait discourir,
Le remède plus prompt où j'ai su recourir,
C'est de pousser ma pointe, et dire en diligence
A notre vieux patron toute la manigance.
Son fils, qui m'embarrasse, est un evaporé :
L'autre, diable ! disant ce que j'ai déclaré,
Gare une irruption sur notre friperie !
Au moins, avant qu'on puisse échauffer sa furie,
Quelque chose de bon nous pourra succéder,
Et les vieillards entre eux se pourront accorder.
C'est ce qu'on va tenter ; et de la part du nôtre,
Sans perdre un seul moment, je m'en vais trouver l'autre.
            (*Il frappe à la porte d'Albert.*)

SCENE II.

ALBERT, MASCARILLE.

ALBERT.

Qui frappe ?

MASCARILLE.

Amis.

ALBERT.

Oh ! oh ! qui te peut amener, Mascarille ?

MASCARILLE.

Je viens, monsieur, pour vous donner
Le bonjour.

ACTE III, SCENE II.

ALBERT.

Ah! vraiment tu prends beaucoup de peine :
De tout mon cœur, bon jour.

(*Il s'en va.*)

MASCARILLE.

La réplique est soudaine.
Quel homme brusque!

(*Il heurte.*)

ALBERT.

Encor?

MASCARILLE.

Vous n'avez pas ouï,
Monsieur.

ALBERT.

Ne m'as-tu pas donné le bonjour?

MASCARILLE.

Oui.

ALBERT.

Hé bien! bon jour, te dis-je.

(*Il s'en va; Mascarille l'arrête.*)

MASCARILLE.

Oui ; mais je viens encore
Vous saluer au nom du seigneur Polidore.

ALBERT.

Ah! c'est un autre fait. Ton maître t'a chargé
De me saluer?

MASCARILLE.

Oui.

ALBERT.

Je lui suis obligé.
Va, que je lui souhaite une joie infinie.

(*Il s'en va.*)

MASCARILLE.

Cet homme est ennemi de la cérémonie,

(*Il heurte.*)

Je n'ai pas achevé, monsieur, son compliment :
Il voudrait vous prier d'une chose instamment.

ALBERT.

Hé bien! quand il voudra je suis à son service.

MASCARILLE, *l'arrêtant.*
Attendez, et souffrez qu'en deux mots je finisse.
Il souhaite un moment, pour vous entretenir
D'une affaire importante, et doit ici venir.

ALBERT.
Eh ! quelle est-elle encor l'affaire qui l'oblige
A me vouloir parler ?

MASCARILLE.
Un grand secret, vous dis-je,
Qu'il vient de découvrir en ce même moment,
Et qui, sans doute, importe à tous deux grandement.
Voilà mon ambassade.

SCÈNE III.
ALBERT, *seul.*

O juste ciel ! je tremble :
Car enfin nous avons peu de commerce ensemble.
Quelque tempête va renverser mes desseins,
Et ce secret, sans doute, est celui que je crains.
L'espoir de l'intérêt m'a fait quelque infidèle,
Et voilà sur ma vie une tache éternelle.
Ma fourbe est découverte. Oh ! que la vérité
Se peut cacher longtemps avec difficulté !
Et qu'il eût mieux valu pour moi, pour mon estime,
Suivre les mouvements d'une peur légitime,
Par qui je me suis vu tenté plus de vingt fois
De rendre à Polidore un bien que je lui dois,
De prévenir l'éclat où ce coup-ci m'expose,
Et faire qu'en douceur passât toute la chose.
Mais, hélas ! c'en est fait, il n'est plus de saison,
Et ce bien, par la fraude entré dans ma maison,
N'en sera point tiré, que dans cette sortie
Il n'entraîne du mien la meilleure partie.

SCENE IV.
ALBERT, POLIDORE.

POLIDORE, *les quatre premiers vers sans voir Albert.*
S'être ainsi marié sans qu'on en ait su rien !
Puisse cette action se terminer à bien !

ACTE III, SCÈNE IV.

Je ne sais qu'en attendre ; et je crains fort du père
Et la grande richesse et la juste colère.
Mais je l'aperçois seul.

ALBERT.
Dieu! Polidore vient !

POLIDORE.
Je tremble à l'aborder.

ALBERT.
La crainte me retient.

POLIDORE.
Par où lui débuter?

ALBERT.
Quel sera mon langage?

POLIDORE.
Son ame est tout émue.

ALBERT.
Il change de visage.

POLIDORE.
Je vois, seigneur Albert, au trouble de vos yeux,
Que vous savez déjà qui m'amène en ces lieux.

ALBERT.
Hélas! oui.

POLIDORE.
La nouvelle a droit de vous surprendre,
Et je n'eusse pas cru ce que je viens d'apprendre.

ALBERT.
J'en dois rougir de honte et de confusion.

POLIDORE.
Je trouve condamnable une telle action,
Et je ne prétends point excuser le coupable.

ALBERT.
Dieu fait miséricorde au pécheur misérable.

POLIDORE.
C'est ce qui doit par vous être considéré.

ALBERT.
Il faut être chrétien.

POLIDORE.
Il est très assuré.

ALBERT.
Grace, au nom de Dieu! grace, ô seigneur Polidore!

POLIDORE.
Hé! c'est moi qui de vous présentement l'implore.
ALBERT.
Afin de l'obtenir, je me jette à genoux.
PODIDORE.
Je dois en cet état être plutôt que vous.
ALBERT.
Prenez quelque pitié de ma triste aventure.
POLIDORE.
Je suis le suppliant dans une telle injure.
ALBERT.
Vous me fendez le cœur avec cette bonté.
POLIDORE.
Vous me rendez confus de tant d'humilité.
ALBERT.
Pardon encore un coup!
POLIDORE.
Hélas! pardon, vous même!
ALBERT.
J'ai de cette action une douleur extrême.
POLIDORE.
Et moi, j'en suis touché de même au dernier point.
ALBERT.
J'ose vous convier qu'elle n'éclate point.
POLIDORE.
Hélas! seigneur Albert, je ne veux autre chose.
ALBERT.
Conservons mon honneur.
POLIDORE.
Hé! oui, je m'y dispose.
ALBERT.
Quant au bien qu'il faudra, vous-même en résoudrez.
POLIDORE.
Je ne veux de vos biens que ce que vous voudrez;
De tous ces intérêts je vous ferai le maître;
Et je suis trop content si vous le pouvez être.
ALBERT.
Ah! quel homme de Dieu! Quel excès de douceur!
POLIDORE.
Quelle douceur, vous-même, après un tel malheur!

ALBERT.
Que puissiez-vous avoir toutes choses prospères !
POLIDORE.
Le bon Dieu vous maintienne !
ALBERT.
Embrassons-nous en frères.
POLIDORE.
J'y consens de grand cœur, et me réjouis fort
Que tout soit terminé par un heureux accord.
ALBERT.
J'en rends graces au ciel.
POLIDORE.
Il ne vous faut rien feindre,
Votre ressentiment me donnait lieu de craindre ;
Et Lucile tombée en faute avec mon fils,
Comme on vous voit puissant et de biens et d'amis...
ALBERT.
Hé ! que parlez-vous là de faute et de Lucile?
POLIDORE.
Soit, ne commençons point un discours inutile.
Je veux bien que mon fils y trempe grandement :
Même, si cela fait a votre allègement,
J'avouerai qu'a lui seul en est toute la faute ;
Que votre fille avait une vertu trop haute
Pour avoir jamais fait ce pas contre l'honneur,
Sans l'incitation d'un méchant suborneur ;
Que le traître a séduit sa pudeur innocente,
Et de votre conduite ainsi detruit l'attente.
Puisque la chose est faite, et que, selon mes vœux,
Un esprit de douceur nous met d'accord tous deux,
Ne ramentevons rien, et réparons l'offense
Par la solennité d'une heureuse alliance.

ALBERT, *à part.*

O Dieu ! quelle méprise ! et qu'est-ce qu'il m'apprend !
Je rentre ici d'un trouble en un autre aussi grand.
Dans ces divers transports je ne sais que répondre,
Et, si je dis un mot, j'ai peur de me confondre.
POLIDORE.
A quoi pensez-vous là, seigneur Albert?

ALBERT.

A rien.

Remettons, je vous prie, a tantôt l'entretien.
Un mal subit me prend, qui veut que je vous laisse.

SCENE V.

POLIDORE, *seul*.

Je lis dedans son ame, et vois ce qui le presse.
A quoi que sa raison l'eût déjà disposé,
Son déplaisir n'est pas encor tout apaisé.
L'image de l'affront lui revient, et sa fuite
Tâche à me déguiser le trouble qui l'agite.
Je prends part à sa honte, et son deuil m'attendrit.
Il faut qu'un peu de temps remette son esprit.
La douleur trop contrainte aisément se redouble.
Voici mon jeune fou d'où nous vient tout ce trouble.

SCÈNE VI.

POLIDORE, VALÈRE.

POLIDORE.

Enfin, le beau mignon, vos beaux déportements
Troubleront les vieux jours d'un père a tous moments;
Tous les jours vous ferez de nouvelles merveilles,
Et nous n'aurons jamais autre chose aux oreilles.

VALÈRE.

Que fais-je tous les jours qui soit si criminel?
En quoi mériter tant le couroux paternel?

POLIDORE.

Je suis un étrange homme, et d'une humeur terrible,
D'accuser un enfant si sage et si paisible!
Las! il vit comme un saint, et dedans la maison
Du matin jusqu'au soir il est en oraison!
Dire qu'il pervertit l'ordre de la nature,
Et fait du jour la nuit, ô la grande imposture!
Qu'il n'a considéré père, ni parenté
En vingt occasions : horrible fausseté!
Que de fraîche mémoire un furtif hyménée
A la fille d'Albert à joint sa destinée,

Sans craindre de la suite un désordre puissant :
On le prend pour un autre, et le pauvre innocent
Ne sait pas seulement ce que je lui veux dire.
Ah! chien, que j'ai reçu du ciel pour mon martyre!
Te croiras-tu toujours? et ne pourrai-je pas
Te voir être une fois sage avant mon trepas?

VALÈRE seul et rêvant.

D'où peut venir ce coup? mon ame embarrassée
Ne voit que Mascarille où jeter sa pensée.
Il ne sera pas homme à m'en faire un aveu.
Il faut user d'adresse et me contraindre un peu
Dans ce juste courroux.

SCENE VII.

VALÈRE, MASCARILLE.

VALÈRE.

Mascarille, mon père,
Que je viens de trouver sait toute notre affaire.

MASCARILLE.

Il la sait?

VALÈRE.

Oui.

MASCARILLE.

D'où diantre a-t-il pu le savoir?

VALÈRE.

Je ne sais point sur qui ma conjecture asseoir;
Mais enfin d'un succès cette affaire est suivie,
Dont j'ai tous les sujets d'avoir l'âme ravie.
Il ne m'en a pas dit un mot qui fût fâcheux;
Il excuse ma faute, il approuve mes feux,
Et je voudrais savoir qui peut être capable
D'avoir pu rendre ainsi son esprit si traitable.
Je ne puis t'exprimer l'aise que j'en reçoi.

MASCARILLE.

Et que me diriez-vous, monsieur, si c'était moi
Qui vous eût procuré cette heureuse fortune?

VALÈRE.

Bon! bon! tu voudrais bien ici m'en donner d'une.

MASCARILLE.

C'est moi, vous dis-je, moi, dont le patron le sait,
Et qui vous ai produit ce favorable effet.

VALÈRE.

Mais, là, sans te railler?

MASCARILLE.

Que le diable m'emporte
Si je fais raillerie, et s'il n'est de la sorte!

VALÈRE, *mettant l'épée à la main.*

Et qu'il m'entraîne, moi, si tout présentement
Tu n'en vas recevoir le juste payement.

MASCARILLE.

Ah! monsieur! qu'est ceci? Je défends la surprise.

VALÈRE.

C'est la fidélité que tu m'avais promise?
Sans ma feinte, jamais tu n'eusses avoué
Le trait que j'ai bien cru que tu m'avais joué.
Traître! de qui la langue, à causer trop habile,
D'un père contre moi vient d'échauffer la bile,
Qui me perds tout à fait, il faut, sans discourir,
Que tu meures.

MASCARILLE

Tout beau. Mon ame, pour mourir,
N'est pas en bon état. Daignez, je vous conjure,
Attendre le succès qu'aura cette aventure.
J'ai de fortes raisons qui m'ont fait révéler
Un hymen que vous même aviez peine à céler:
C'était un coup d'état, et vous verrez l'issue
Condamner la fureur que vous avez conçue.
De quoi vous fâchez-vous, pourvu que vos souhaits
Se trouvent par mes soins pleinement satisfaits,
Et voyent mettre à fin la contrainte où vous êtes?

VALÈRE.

Et si tous ces discours ne sont que des sornettes?

MASCARILLE.

Toujours serez-vous lors à temps pour me tuer:
Mais enfin mes projets pourront s'effectuer.
Dieu fera pour les siens, et, content dans la suite,
Vous me remercierez de ma rare conduite.

ACTE III, SCÈNE VIII.

VALÈRE.
Nous verrons. Mais Lucile...
MASCARILLE.
Alte ; son père sort.

SCÈNE VIII.
ALBERT, VALERE, MASCARILLE.

ALBERT, *les cinq premiers vers sans voir Valere.*
Plus je reviens du trouble où j'ai donné d'abord,
Plus je me sens piqué de ce discours etrange,
Sur qui ma peur prenait un si dangereux change :
Car Lucile soutient que c'est une chanson,
Et m'a parlé d'un air à m'ôter tout soupçon.
Ah ! monsieur, est-ce vous de qui l'audace insigne
Met en jeu mon honneur, et fait ce conte indigne ?
MASCARILLE.
Seigneur Albert, prenez un ton un peu plus doux,
Et contre votre gendre ayez moins de courroux.
ALBERT.
Comment, gendre, coquin ! tu portes bien la mine
De pousser les ressorts d'une telle machine,
Et d'en avoir été le premier inventeur.
MASCARILLE.
Je ne vois ici rien à vous mettre en fureur.
ALBERT.
Trouves-tu beau, dis-moi, de diffamer ma fille,
Et faire un tel scandale à toute ma famille ?
MASCARILLE.
Le voilà prêt à faire en tout vos volontés.
ALBERT.
Que voudrais-je, sinon qu'il dît des vérités ?
Si quelque intention le pressait pour Lucile,
La recherche en pouvait être honnête et civile ;
Il fallait l'attaquer du côté du devoir,
Il fallait de son père implorer le pouvoir,
Et non pas recourir à cette lâche feinte,
Qui porte à la pudeur une sensible atteinte,

MASCARILLE.

Quoi! Lucile n'est pas sous des liens secrets
A mon maître?

ALBERT.

Non, traître! et n'y sera jamais.

MASCARILLE.

Tout doux : et s'il est vrai que ce soit chose faite,
Voulez-vous l'approuver cette chaîne secrète?

ALBERT.

Et s'il est constant, toi que cela ne soit pas,
Veux-tu te voir casser les jambes et les bras?

VALÈRE.

Monsieur, il est aisé de vous faire paraître
Qu'il dit vrai.

ALBERT.

Bon! voilà l'autre encor, digne maître
D'un semblable valet! O les menteurs hardis!

MASCARILLE.

D'homme d'honneur, il est ainsi que je le dis.

VALÈRE.

Quel serait notre but de vous en faire accroire!

ALBERT, *à part*.

Ils s'entendent tous deux comme larrons en foire.

MASCARILLE.

Mais venons à la preuve; et, sans nous quereller,
Faites sortir Lucile, et la laissez parler.

ALBERT.

Et si le démenti par elle vous en reste?

MASCARILLE.

Elle n'en fera rien, monsieur, je vous proteste.
Promettez à leurs vœux votre consentement,
Et je veux m'exposer au plus dur châtiment,
Si de sa propre bouche elle ne vous confesse
Et la foi qui l'engage, et l'ardeur qui la presse.

ALBERT.

Il faut voir cette affaire.

(*Il va frapper à sa porte.*)

MASCARILLE, *à Valère*.

Allez, tout ira bien.

ALBERT.
olà, Lucile ! un mot.
VALÈRE, *à Mascarille.*
Je crains....
MASCARILLE.
Ne craignez rien.

SCÈNE IX.

LUCILE, ALBERT, VALÈRE, MASCARILLE.

MASCARILLE.
Seigneur Albert, silence au moins. Enfin, madame,
Toute chose conspire au bonheur de votre ame;
Et monsieur votre père, averti de vos feux,
Vous laisse votre époux, et confirme vos vœux,
Pourvu que, bannissant toutes craintes frivoles,
Deux mots de votre aveu confirment nos paroles.
LUCILE.
Que me vient donc conter ce coquin assuré?
MASCARILLE.
Bon ? me voilà déjà d'un beau titre honoré.
LUCILE.
Sachons un peu, monsieur, quelle belle saillie
Fait ce conte galant qu'aujourd'hui l'on publie.
VALÈRE.
Pardon, charmant objet : un valet a parlé ;
Et j'ai vu, malgré moi, notre hymen révélé.
LUCILE.
Notre hymen?
VALÈRE.
On sait tout, adorable Lucile ;
Et vouloir déguiser est un soin inutile ;
LUCILE.
Quoi ! l'ardeur de mes feux vous a fait mon époux?
VALÈRE.
C'est un bien qui me doit faire mille jaloux :
Mais j'impute bien moins ce bonheur de ma flamme
A l'ardeur de vos feux qu'aux bontés de votre ame.
Je sais que vous avez sujet de vous fâcher,
Que c'était un secret que vous vouliez cacher ;

Et j'ai de mes transports forcé la violence
A ne point violer votre expresse défense :
Mais...

MASCARILLE.
Hé bien ! oui, c'est moi : le grand mal que voilà !

LUCILE.
Est-il une imposture égale à celle-là ?
Vous l'osez soutenir en ma présence même,
Et pensez me tenir par ce beau stratagème ?
O le plaisant amant, dont la galante ardeur
Veut blesser mon honneur au défaut de mon cœur,
Et que mon père, ému de l'éclat d'un sot conte,
Paye avec mon hymen qui me couvre de honte !
Quand tout contribuerait à votre passion,
Mon père, les destins, mon inclination,
On me verrait combattre, en ma juste colère
Mon inclination, les destins, et mon père,
Perdre même le jour, avant que de m'unir
A qui par ce moyen aurait cru m'obtenir.
Allez ; et si mon sexe avecque bienséance
Se pouvait emporter à quelque violence,
Je vous apprendrais bien à me traiter ainsi.

VALÈRE, à *Mascarille*.
C'en est fait, son courroux ne peut être adouci.

MASCARILLE.
Laissez-moi lui parler. Hé, madame, de grace,
A quoi bon maintenant toute cette grimace ?
Quelle est votre pensée ? et quel bourru transport
Contre vos propres vœux vous fait roidir si fort ?
Si monsieur votre père était homme farouche,
Passe : mais il permet que la raison le touche ;
Et lui-même m'a dit qu'une confession
Vous va tout obtenir de son affection.
Vous sentez, je crois bien, quelque petite honte :
A faire un libre aveu de l'amour qui vous dompte ;
Mais s'il vous a fait prendre un peu de liberté,
Par un bon mariage on voit tout rajusté ;
Et, quoi que l'on reproche au feu qui vous consomme,
Le mal n'est pas si grand que de tuer un homme.

On sait que la chair est fragile quelquefois,
Et qu'une fille enfin n'est ni caillou ni bois.
Vous n'avez pas été sans doute la premiere,
Et vous ne serez pas, que je crois, la derniere.
LUCILE.
Quoi ! vous pouvez ouïr ces discours effrontés,
Et vous ne dites mot à ces indignités !
ALBERT.
Que veux-tu que je die? Une telle aventure
Me met tout hors de moi.
MASCARILLE.
Madame, je vous jure
Que déjà vous devriez avoir tout confessé.
LUCILE.
Et quoi donc confesser?
MASCARILLE.
Quoi? ce qui s'est passé
Entre mon maître et vous. La belle raillerie !
LUCILE.
Et que s'est-il passé, monstre d'effronterie,
Entre ton maître et moi?
MASCARILLE.
Vous devez, que je crois,
En savoir un peu plus de nouvelles que moi ;
Et pour vous cette nuit fut trop douce pour croire
Que vous puissiez si vite en perdre la mémoire.
LUCILE.
C'est trop souffrir, mon père, un impudent valet.
(*Elle lui donne un soufflet.*)

SCÈNE X.
ALBERT, VALÈRE, MASCARILLE.

MASCARILLE.
Je crois qu'elle me vient de donner un soufflet.
ALBERT.
Va, coquin, scélérat, sa main vient sur ta joue
De faire une action dont son père la loue.
MASCARILLE.
Et, nonobstant cela qu'un diable en cet instant
M'emporte, si j'ai dit rien que de très constant !

ALBERT.
Et, nonobstant cela, qu'on me coupe une oreille,
Si tu portes fort loin une audace pareille!
MASCARILLE.
Voulez-vous deux témoins qui me justifieront?
ALBERT.
Veux-tu deux de mes gens qui te bâtonneront?
MASCARILLE.
Leur rapport doit au mien donner toute créance.
ALBERT.
Leurs bras peuvent du mien réparer l'impuissance.
MASCARILLE.
Je vous dis que Lucile agit par honte ainsi.
ALBERT.
Je te dis que j'aurai raison de tout ceci.
MASCARILLE.
Connaissez-vous Ormin, ce gros notaire habile?....
ALBERT.
Connais-tu bien Grimpant, le bourreau de la ville?...
MASCARILLE.
Et Simon le tailleur, jadis si recherché?
ALBERT.
Et la potence mise au milieu du marché?
MASCARILLE.
Vous verrez confirmer par eux cet hyménée.
ALBERT.
Tu verras achever par eux ta destinée.
MASCARILLE.
Ce sont eux qu'ils ont pris pour témoin de leur foi.
ALBERT.
Ce sont eux qui dans peu me vengeront de toi.
MASCARILLE.
Et ces yeux les ont vus s'entredonner parole.
ALBERT.
Et ces yeux te verront faire la cabriole.
MASCARILLE.
Et, pour signe, Lucile avait un voile noir.
ALBERT.
Et, pour signe, ton front nous le fait assez voir.

MASCARILLE.

O l'obstiné, vieillard !

ALBERT.

O le fourbe damnable !
Va, rends grace à mes ans qui me font incapable
De punir sur le champ l'affront que tu me fais :
Tu n'en perds que l'attente, et je te le promets.

SCÈNE XI.

VALÈRE, MASCARILLE.

VALÈRE

Hé bien ? ce beau succès que tu devais produire ?..

MASCARILLE.

J'entends à demi mot ce que vous voulez dire.
Tout s'arme contre moi ; pour moi de tous côtés
Je vois coups de bâtons et gibets apprêtés,
Aussi, pour être en paix dans ce désordre extrême,
Je me vais d'un rocher précipiter moi-même,
Si, dans le désespoir dont mon cœur est outré,
Je puis en rencontrer d'assez haut à mon gré.
Adieu, monsieur.

VALÈRE.

Non, non, ta fuite est superflue ;
Si tu meurs, je prétends que ce soit à ma vue.

MASCARILLE.

Je ne saurais mourir quand je suis regardé,
Et mon trépas ainsi se verrait retardé.

VALÈRE.

Suis-moi, traître, suis-moi ; mon amour en furie
Te fera voir si c'est matière à raillerie.

MASCARILLE, *seul*.

Malheureux Mascarille, à quels maux aujourd'hui
Te vois-tu condamné pour le péché d'autrui !

FIN DU TROISIÈME ACTE.

ACTE IV.

SCÈNE PREMIÈRE.

ASCAGNE, FROSINE.

FROSINE.

L'aventure est fâcheuse.

ASCAGNE.

Ah ! ma chère Frosine,
Le sort absolument a conclu ma ruine.
Cette affaire, venue au point où la voilà,
N'est pas assurément pour en demeurer là ;
Il faut qu'elle passe outre : et Lucile et Valère,
Surpris des nouveautés d'un semblable mystère,
Voudront chercher un jour dans ces obscurités,
Par qui tous mes projets se verront avortés.
Car enfin, soit qu'Albert ait part au stratagême,
Ou qu'avec tout le monde on l'ait trompé lui-même,
S'il arrive une fois que mon sort éclairci
Mette ailleurs tout le bien dont le sien a grossi
Jugez s'il aura lieu de souffrir ma présence :
Son intérêt détruit me laisse a ma naissance ;
C'est fait de sa tendresse et quelque sentiment
Où pour ma fourbe alors pût être mon amant,
Voudra-t-il avouer pour épouse une fille
Qu'il verra sans appui de biens et de famille ?

FROSINE.

Je trouve que c'est là raisonner comme il faut :
Mais ces reflexions doivent venir plus tôt,
Qui vous a jusqu'ici caché cette lumière ?
Il ne fallait pas être une grande sorcière
Pour voir, dès le moment de vos desseins pour lui,
Tout ce que votre esprit ne voit que d'aujourd'hui :
L'action le disait ; et dès que je l'ai sue,
Je n'en ai prévu guère une meilleure issue.

ASCAGNE.
Que dois-je faire enfin? mon trouble est sans pareil :
Mettez-vous en ma place et me donnez conseil.
FROSINE.
Ce doit être à vous-même, en prenant votre place,
A me donner conseil dessus cette disgrace ;
Car je suis maintenant vous, et vous êtes moi ;
Conseillez-moi, Frosine. Au point où je me voi.
Quel remède trouver? Dites, je vous en prie.
ASCAGNE.
Hélas ! ne traitez point ceci de raillerie ;
C'est prendre peu de part à mes cuisants ennuis
Que de rire et de voir les termes où j'en suis.
FROSINE.
Ascagne, tout de bon, votre ennui m'est sensible,
Et pour vous en tirer je ferai mon possible.
Mais que puis-je, après tout? Je vois fort peu de jour
A tourner cette affaire au gré de votre amour.
ASCAGNE.
Si rien ne peut m'aider, il faut donc que je meure.
FROSINE.
Ah ! pour cela toujours il est assez bonne heure :
La mort est un remède à trouver quand on veut,
Et l'on s'en doit servir le plus tard que l'on peut.
ASCAGNE.
Non, non, Frosine, non ; si vos conseils propices
Ne conduisent mon sort parmi ces précipices,
Je m'abandonne toute aux traits du desespoir.
FROSINE.
Savez-vous ma pensée? Il faut que j'aille voir
La... Mais Eraste vient, qui pourrait nous distraire.
Nous pourrons, en marchant parler de cette affaire.
Allons, retirons-nous.

SCENE II.

ERASTE, GROS-RENE.

ÉRASTE.
Encore rebuté?

GROS-RENÉ.

Jamais ambassadeur ne fut moins écouté.
A peine ai-je voulu lui porter la nouvelle
Du moment d'entretien que vous souhaitez d'elle,
Qu'elle m'a répondu, tenant son quant à moi,
Va, va, je fais état de lui comme de toi,
Dis-lui qu'il se promène ; et sur ce beau langage,
Pour suivre son chemin m'a tourné le visage.
Et Marinette aussi, d'un dédaigneux museau
Lâchant un, Laisse nous, beau valet de carreau,
M'a planté là comme elle. Et mon sort et le vôtre
N'ont rien à se pouvoir reprocher l'un à l'autre.

ÉRASTE.

L'ingrate ! recevoir avec tant de fierté
Le prompt retour d'un cœur justement emporté !
Quoi ! le premier transport d'un pouvoir qu'on abuse
Sous tant de vraisemblance est indigne d'excuse ?
Et ma plus vive ardeur en ce moment fatal
Devait être insensible au bonheur d'un rival ?
Tout autre n'eût pas fait même chose en ma place,
Et se fût moins laissé surprendre à tant d'audace ?
De mes justes soupçons suis-je sorti trop tard ?
Je n'ai point attendu des serments de sa part ;
Et lorsque tout le monde encor ne sait qu'en croire,
Ce cœur impatient lui rend toute sa gloire,
Il cherche à s'excuser : et le sien voit si peu
Dans ce profond respect la grandeur de mon feu !
Loin d'assurer une ame, et lui forcer des armes,
Contre ce qu'un rival lui vient donner d'alarmes,
L'ingrate m'abandonne à mon jaloux transport,
Et rejette de moi message, écrit, abord !
Ah ! sans doute, un amour a peu de violence,
Qu'est capable d'eteindre une si faible offense ;
Et ce depit si prompt à s'armer de rigueur
Découvre assez pour moi tout le fond de son cœur.
Et de quel prix doit être à présent à mon ame
Tout ce dont son caprice a pu flatter ma flamme?
Non, je ne prétends plus demeurer engagé
Pour un cœur où je vois le peu de part que j'ai :

Et puisque l'on témoigne une froideur extrême
A conserver les gens, je veux faire de même.
GROS-RENÉ.
Et moi de même aussi. Soyons tous deux fâchés ;
Et mettons notre amour au rang des vieux péchés.
Il faut apprendre à vivre à ce sexe volage,
Et lui faire sentir que l'on a du courage.
Qui souffre ses mépris les veut bien recevoir.
Si nous avions l'esprit de nous faire valoir,
Les femmes n'auraient pas la parole si haute.
Oh! qu'elles nous sont bien fières par notre faute !
Je veux être pendu, si nous ne les verrions
Sauter à notre cou plus que nous voudrions,
Sans tous ces vils devoirs dont la plupart des hommes
Les gâtent tous les jours dans le siècle où nous sommes.
ÉRASTE.
Pour moi, sur toute chose, un mépris me surprend ;
Et, pour punir le sien par un autre aussi grand,
Je veux mettre en mon cœur une nouvelle flamme.
GROS-RENÉ.
Et moi, je ne veux plus m'embarrasser de femme ;
A toutes je renonce, et crois, en bonne foi,
Que vous feriez fort bien de faire comme moi.
Car, voyez-vous, la femme est, comme on dit, mon
Un certain animal difficile à connaître,   [maître,
Et qui de la nature est fort encline au mal,
Et ne sera jamais qu'animal, quand sa vie
Durerait cent mille ans ; aussi sans repartie,
La femme est toujours femme, et jamais ne sera
Que femme, tant qu'entier le monde durera :
D'où vient qu'un certain Grec dit que sa tête passe
Pour un sable mouvant; car goûtez bien, de grace,
Ce raisonnement-ci, lequel est des plus forts :
Ainsi que la tête est comme le chef du corps,
Et que le corps sans chef est pire qu'une bête ;
Si le chef n'est pas bien d'accord avec la tête,
Que tout ne soit pas bien réglé par le compas,
Nous voyons arriver de certains embarras ;
La partie brutale alors veut prendre empire
Dessus la sensitive ; et l'on voit que l'un tire

A *dia*, l'autre à *hurhaut*; l'un demande du mou,
L'autre du dur ; enfin tout va sans savoir où :
Pour montrer qu'ici bas, ainsi qu'on l'interprète,
La tête d'une femme est comme une girouette
Au haut d'une maison, qui tourne au premier vent ;
C'est pourquoi le cousin Aristote souvent
La compare à la mer ; d'où vient qu'on dit qu'au monde
On ne peut rien trouver de si stable que l'onde.
Or, par comparaison, car la comparaison
Nous fait distinctement comprendre une raison ;
Et nous aimons bien mieux, nous autres gens d'étude,
Une comparaison qu'une similitude :
Par comparaison donc, mon maître, s'il vous plaît,
Comme on voit que la mer, quand l'orage s'accroît,
Vient à se courroucer, le vent soufle et ravage,
Les flots contre les flots font un remue-ménage
Horrible ; et le vaisseau, malgré le nautonnier,
Va tantôt à la cave et tantôt au grenier :
Ainsi quand une femme a sa tête fantasque,
On voit une tempête en forme de bourrasque,
Qui veut compétiter par de certains...propos ;
Et lors un...certain vent, qui, par... de certains flots,
De....certaine façon, ainsi qu'un banc de sable....
Quand...Les femmes enfin ne valent pas le diable.

ÉRASTE.

C'est fort bien raisonner.

GROS-RENÉ.

Assez bien, Dieu merci.
Mais je les vois, monsieur, qui passent par ici :
Tenez-vous ferme au moins.

ÉRASTE.

Ne te mets pas en peine.

GROS-RENÉ.

J'ai bien peur que ses yeux resserrent votre chaîne.

SCÈNE III.

LUCILE, ÉRASTE, MARINETTE, GROS-RENÉ.

MARINETTE.

Je l'aperçois encor : mais ne vous rendez point.

ACTE IV, SCENE III.

LUCILE.
Ne me soupçonne pas d'être faible à ce point.

MARINETTE.
Il vient à nous.

ERASTE.
Non, non, ne croyez pas, madame,
Que je revienne encor vous parler de ma flamme.
C'en est fait ; je me veux guérir, et connais bien
Ce que de votre cœur a possédé le mien.
Un courroux si constant pour l'ombre d'une offense
M'a trop bien éclairci de votre indifférence ;
Et je dois vous montrer que les traits du mépris
Sont sensibles surtout aux généreux esprits.
Je l'avouerai, mes yeux observaient dans les vôtres
Des charmes qu'ils n'ont point trouvés dans tous les [autres
Et le ravissement où j'étais, de mes fers
Les aurait préférés à des sceptres offerts.
Oui, mon amour pour vous, sans doute était extrême ;
Je vivais tout en vous : et je l'avouerai même,
Peut-être qu'après tout, j'aurai quoique outragé,
Assez de peine encore à m'en voir dégagé :
Possible que, malgré la cure qu'elle essaie,
Mon ame saignera longtemps de cette plaie,
Et qu'affranchi d'un joug qui faisait tout mon bien,
Il faudra me résoudre à n'aimer jamais rien.
Mais enfin il n'importe ; et puisque votre haine
Chasse un cœur tant de fois que l'amour vous ramène,
C'est la dernière ici des importunités
Que vous aurez jamais de mes vœux rebutés.

LUCILE.
Vous pouvez faire aux miens la grace tout entière,
Monsieur, et m'épargner encor cette dernière.

ERASTE.
Hé bien! madame, hé bien! ils seront satisfaits.
Je romps avecque vous, et j'y romps pour jamais,
Puisque vous le voulez. Que je perde la vie
Lorsque de vous parler je reprendrai l'envie!

LUCILE.
Tant mieux ; c'est m'obliger.

ERASTE.

Non, non, n'ayez pas peur
Que je fausse parole ; eussè-je un faible cœur
Jusques à n'en pouvoir effacer votre image,
Croyez que vous n'aurez jamais cet avantage
De me voir revenir.

LUCILE.

Ce serait bien en vain.

ERASTE.

Moi-même de cent coups je percerais mon sein,
Si j'avais jamais fait cette bassesse insigne
De vous revoir après ce traitement indigne.

LUCILE.

Soit ; n'en parlons donc plus.

ERASTE.

Oui, oui, n'en parlons plus ;
Et, pour trancher ici tout propos superflus,
Et vous donner, ingrate, une preuve certaine
Que je veux, sans retour, sortir de votre chaîne
Je ne veux rien garder qui puisse retracer
Ce que de mon esprit il me faut effacer.
Voici votre portrait ; il présente à la vue
Cent charmes merveilleux dont vous êtes pourvue
Mais il cache sous eux cent défauts aussi grands,
Et c'est un imposteur enfin que je vous rends.

GROS-RENE.

Bon.

LUCILE.

Et moi, pour vous suivre au dessein de tout rendre,
Voilà le diamant que vous m'aviez fait prendre.

MARINETTE.

Fort bien.

ERASTE

Il est à vous encor ce bracelet.

LUCILE.

Et cette agate à vous, qu'on fit mettre en cachet.

ACTE IV, SCENE III.

ERASTE *lit.*

« Vous m'aimez d'une amour extrême,
« Eraste, et de mon cœur voulez être éclairci ;
« Si je n'aime Eraste de même :
« Au moins aimè-je fort qu'Eraste m'aime ainsi.

« LUCILE. »

Vous m'assuriez par-là d'agréer mon service ;
C'est une fausseté digne de ce supplice.

(*Il déchire la lettre.*)

LUCILE *lit.*

« J'ignore le destin de mon amour ardente,
« Et jusqu'à quand je souffrirai :
« Mais je sais, ô beauté charmante,
« Que toujours je vous aimerai.

« ERASTE. »

Voilà qui m'assurait à jamais de vos feux :
Et la main et la lettre ont menti toutes deux.

(*Elle déchire la lettre.*)

GROS-RENE.

Poussez.

ERASTE.

Elle est de vous. Suffit, même fortune.

MARINETTE, *à Lucile.*

Ferme.

LUCILE.

J'aurais regret d'en épargner aucune.

GROS-RENE, *à Eraste.*

N'ayez pas le dernier.

MARINETTE, *à Lucile.*

Tenez bon jusqu'au bout.

LUCILE.

Enfin, voilà le reste.

ERASTE.

Et, grace au ciel, c'est tout.
Je sois exterminé, si je ne tiens parole !

LUCILE.

Me confonde le ciel, si la mienne est frivole !

ERASTE.

Adieu donc.

LUCILE.

Adieu donc.

MARINETTE, à *Lucile.*

Voilà qui va des mieux.

GROS RENÉ, à *Éraste.*

Vous triomphez.

MARINETTE, à *Lucile*

Allons, ôtez-vous de ses yeux.

GROS RENÉ, à *Éraste.*

Retirez-vous après cet effort de courage.

MARINETTE, à *Lucile.*

Qu'attendez-vous encor?

GROS-RENÉ, à *Éraste.*

Que faut-il davantage?

ÉRASTE.

Ah! Lucile! Lucile? un cœur comme le mien
Se fera regretter, et je le sais fort bien.

LUCILE.

Éraste! Éraste! un cœur fait comme est fait le vôtre
Se peut facilement reparer par un autre.

ÉRASTE.

Non, non, cherchez par tout, vous n'en aurez jamais
De si passionné pour vous, je vous promets,
Je ne dis pas cela pour vous rendre attendrie;
J'aurais tort d'en former encore quelque envie.
Mes plus ardents respects n'ont pu vous obliger;
Vous avez voulu rompre : il n'y faut plus songer.
Mais personne, après moi, quoi qu'on vous fasse en-
N'aura jamais pour vous de passion si tendre. |tendre.

LUCILE.

Quand on aime les gens, on les traite autrement;
On fait de leur personne un meilleur jugement.

ÉRASTE.

Quand on aime les gens, on peut de jalousie,
Sur beaucoup d'apparence, avoir l'ame saisie :
Mais alors qu'on les aime, on ne peut en effet
Se résoudre à les perdre; et vous, vous l'avez fait.

LUCILE.

La pure jalousie est plus respectueuse.

ÉRASTE.
On voit d'un œil plus doux une offense amoureuse.
LUCILE.
Non, votre cœur, Éraste, était mal enflammé.
ÉRASTE.
Non, Lucile, jamais vous ne m'avez aimé.
LUCILE.
Hé! je crois que cela faiblement vous soucie.
Peut-être en serait-il beaucoup mieux pour ma vie,
Si je... Mais laissons là ces discours superflus :
Je ne dis point quels sont mes pensers là-dessus.
ÉRASTE.
Pourquoi?
LUCILE.
Par la raison que nous rompons ensemble,
Et que cela n'est plus de saison, ce me semble.
ÉRASTE.
Nous rompons?
LUCILE.
Oui, vraiment; quoi! n'en est-ce pas fait?
ÉRASTE.
Et vous voyez cela d'un esprit satisfait?
LUCILE.
Comme vous.
ÉRASTE.
Comme moi?
LUCILE.
Sans doute. C'est faiblesse,
De faire voir aux gens que leur perte nous blesse.
ÉRASTE.
Mais, cruelle, c'est vous qui l'avez bien voulu.
LUCILE.
Moi? point du tout. C'est vous qui l'avez résolu.
ÉRASTE.
Moi? Je vous ai cru là faire un plaisir extrême.
LUCILE.
Point, vous avez voulu vous contenter vous-même.
ÉRASTE.
Mais si mon cœur encor revoulait sa prison,
Si, tout fâché qu'il est, il demandait pardon?...

LUCILE.

Non, non, n'en faites rien; ma faiblesse est trop grande,
J'aurais peur d'accorder trop tôt votre demande.

ÉRASTE.

Ah? vous ne pouvez pas trop tôt me l'accorder,
Ni moi sur cette peur trop tôt le demander.
Consentez-y, madame : une flamme si belle
Doit, pour votre intérêt, demeurer immortelle.
Je le demande enfin, me l'accorderez-vous,
Ce pardon obligeant?

LUCILE.

Remenez-moi chez nous.

SCENE IV.

MARINETTE, GROS-RENÉ.

MARINETTE.

O la lâche personne !

GROS-RENÉ.

Ah! le faible courage!

MARINETTE.

J'en rougis de dépit.

GROS-RENÉ.

J'en suis gonflé de rage
Ne t'imagine pas que je me rende ainsi.

MARINETTE.

Et ne pense pas, toi, trouver ta dupe aussi.

GROS-RENÉ.

Viens, viens frotter ton nez auprès de ma colère.

MARINETTE.

Tu nous prends pour une autre, et tu n'as pas affaire
A ma sotte maîtresse. Ardez le beau museau,
Pour nous donner envie encore de sa peau!
Moi, j'aurais de l'amour pour ta chienne de face?
Moi, je te chercherais? Ma foi, l'on t'en fricasse
Des filles comme nous.

GROS-RENÉ.

Oui! tu le prends par-là?
Tiens, tiens, sans y chercher tant de façon, voilà

ACTE IV, SCÈNE IV.

Ton beau galant de neige, avec ta nompareille ;
Il n'aura plus l'honneur d'être sur mon oreille.

MARINETTE.

Et toi, pour te montrer que tu m'es à mépris,
Voila ton demi-cent d'epingles de Paris,
Que tu me donnas hier avec tant de fanfare.

GROS-RENÉ.

Tiens, encor ton couteau : la pièce est riche et rare ;
Il te coûta six blancs lorsque tu m'en fis don.

MARINETTE.

Tiens, tes ciseaux avec ta chaîne de laiton.

GROS-RENÉ.

J'oubliais d'avant-hier ton morceau de fromage ;
Tiens. Je voudrais pouvoir rejeter le potage
Que tu me fis manger, pour n'avoir rien à toi.

MARINETTE.

Je n'ai point maintenant de tes lettres sur moi ;
Mais j'en ferai du feu jusques à la dernière.

GROS-RENÉ.

Et des tiennes tu sais ce que j'en saurai faire.

MARINETTE.

Prends garde à ne venir jamais me reprier.

GROS-RENÉ.

Pour couper tout chemin à nous rapatrier,
Il faut rompre la paille. Une paille rompue
Rend, entre gens d'honneur, une affaire conclue.
Ne fais point les doux yeux ; je veux être fâché.

MARINETTE.

Ne me lorgne point, toi ; j'ai l'esprit trop touché.

GROS-RENÉ.

Romps ; voilà le moyen de ne s'en plus dédire ;
Romps. Tu ris, bonne bête ?

MARINETTE.

     Oui, car tu me fais rire.

GROS-RENÉ.

La peste soit ton ris ! voilà tout mon courroux
Déja dulcifié. Qu'en dis-tu ? romprons-nous,
Ou ne romprons-nous pas ?

MARINETTE.

    Vois.

GROS-RENÉ.
                Vois, toi.
MARINETTE.
                Vois, toi-même.
GROS-RENÉ.
Est-ce que tu consens que jamais je ne t'aime?
MARINETTE.
Moi? ce que tu voudras.
GROS-RENÉ.
                Ce que tu voudras, toi;
Dis.
MARINETTE.
Je ne dirai rien.
GROS-RENÉ.
        Ni moi non plus.
MARINETTE.
                Ni moi.
GROS-RENÉ.
Ma foi, nous ferons mieux de quitter la grimace.
Touche, je te pardonne.
MARINETTE.
            Et moi, je te fais grace.
GROS-RENÉ.
Mon Dieu! qu'à tes appas je suis accoquiné!
MARINETTE.
Que Marinette est sotte après son Gros-René!

FIN DU QUATRIÈME ACTE.

ACTE V.

SCENE PREMIÈRE.

MASCARILLE.

« Dès que l'obcurité règnera dans la ville,
« Je me veux introduire au logis de Lucile:
« Va vîte de ce pas preparer pour tantôt
« Et la lanterne sourde et les armes qu'il faut ».
Quand il m'a dit ces mots, il m'a semblé d'entendre:
Va vîtement chercher un licou pour te pendre
Venez çà, mon patron; car, dans l'etonnement
Où m'a jeté d'abord un tel commandement,
Je n'ai pas eu le temps de vous pouvoir répondre;
Mais je vous veux ici parler, et vous confondre:
Défendez-vous donc bien; et raisonnons sans bruit.
Vous voulez, dites-vous, aller voir, cette nuit,
Lucile? « Oui, Mascarille ». Et que pensez-vous faire?
« Une action d'amant qui se veut satisfaire ».
Une action d'un homme a fort petit cerveau,
Que d'aller sans besoin ainsi risquer sa peau.
« Mais tu sais quel motif a ce dessein m'appelle,
« Lucile est irritée ». Eh bien! tant pis pour elle.
« Mais l'amour veut que j'aille apaiser son esprit ».
Mais l'amour est un sot qui ne sait ce qu'il dit :
Nous garantira-t-il cet amour, je vous prie,
D'un rival, ou d'un père, ou d'un frère en furie?
« Penses-tu qu'aucun d'eux songe a nous faire mal »?
Oui, vraiment, je le pense, et surtout ce rival.
« Mascarille, en tout cas, l'espoir où je me fonde,
« Nous irons bien armés; et si quelqu'un nous gronde,
« Nous nous chamaillerons ». Oui? Voilà justement
Ce que votre valet ne prétend nullement. [maître.
Moi, chamailler? Bon Dieu? (suis-je un Roland, mon
Ou quelque Ferragus? C'est fort mal me connaître.

Quand je viens à songer, moi, qui me suis si cher,
Qu'il ne faut que deux doigts d'un misérable fer
Dans le corps, pour vous mettre un humain dans la (bière,
Je suis scandalisé d'une étrange manière.
« Mais tu seras armé de pied en cap ». Tant pis :
J'en serai moins léger à gagner le taillis ;
Et de plus, il n'est point d'armure si bien jointe,
Où ne puisse glisser une vilaine pointe.
« Oh ! tu seras ainsi tenu pour un poltron ».
Soit, pourvu que toujours je branle le menton.
A table comptez-moi, si vous voulez, pour quatre ;
Mais comptez-moi pour rien, s'il s'agit de se battre ;
Enfin, si l'autre monde a des charmes pour vous,
Pour moi je trouve l'air de celui-ci fort doux.
Je n'ai pas grand' faim de mort ni de blessure ;
Et vous ferez le sot tout seul, je vous assure.

SCÈNE II.

VALÈRE, MASCARILLE.

VALÈRE.

Je n'ai jamais trouvé de jour plus ennuyeux :
Le soleil semble s'être oublié dans les cieux :
Et jusqu'au lit qui doit recevoir sa lumière
Je vois rester encore une telle carrière
Que je crois que jamais il ne l'achèvera,
Et que de sa lenteur mon ame enragera.

MASCARILLE.

Et cet empressement, pour s'en aller dans l'ombre
Pêcher vite à tâtons quelque sinistre encombre...
Vous voyez que Lucile, entière en ces rebuts...

VALÈRE.

Ne me fais point ici de contes superflus.
Quand j'y devrais trouver cent embûches mortelles,
Je sens de son courroux des gênes trop cruelles :
Et je veux l'adoucir ou terminer mon sort.
C'est un point résolu.

MASCARILLE.

J'approuve ce transport :

Mais le mal est, monsieur, qu'il faudra s'introduire
En cachette.
VALÈRE.
Fort bien.
MASCARILLE.
Et j'ai peur de vous nuire.
VALÈRE.
Et comment?
MASCARILLE.
Une toux me tourmente à mourir,
Dont le bruit importun vous fera découvrir.
(*Il tousse*)
De moment en moment.. vous voyez le supplice.
VALÈRE.
Ce mal se passera, prends du jus de réglisse.
MASCARILLE.
Je ne crois pas, monsieur, qu'il veuille se passer.
Je serais ravi, moi, de ne vous point laisser :
Mais j'aurais un regret mortel, si j'étais cause
Qu'il fût à mon cher maître arrivé quelque chose.

SCENE III.
VALÈRE, LA RAPIÈRE, MASCARILLE.
LA RAPIÈRE.
Monsieur, de bonne part je viens d'être informé
Qu'Éraste est contre vous fortement animé,
Et qu'Albert parle aussi de faire pour sa fille
Rouer jambes et bras à votre Mascarille.
MASCARILLE.
Moi? Je ne suis pour rien dans tout cet embarras.
Qu'ai-je fait pour me voir rouer jambes et bras?
Suis-je donc gardien, pour employer ce style,
De la virginité des filles de la ville?
Sur la tentation ai-je quelque crédit?
Et puis-je mais, chétif, si le cœur leur en dit?
VALÈRE.
Oh! qu'ils ne seront pas si méchants qu'ils le disent;
Et, quelque belle ardeur que ses feux lui produisent,
Éraste n'aura pas si bon marché de nous.

LA RAPIÈRE.
S'il vous faisait besoin, mon bras est tout à vous.
Vous savez de tout temps que je suis un bon frère.

VALÈRE.
Je vous suis obligé, monsieur de la Rapière.

LA RAPIÈRE.
J'ai deux amis aussi que je puis vous donner,
Qui contre tout venant sont gens à dédaigner,
Et sur qui vous pourrez prendre toute assurance.

MASCARILLE.
Acceptez-les, monsieur.

VALÈRE.
   C'est trop de complaisance.

LA RAPIÈRE.
Le petit Gille encore eût pu nous assister,
Sans le triste accident qui vient de nous l'ôter.
Monsieur, le grand dommage! et l'homme de service!
Vous avez su le tour que lui fit la justice :
Il mourut en César; et, lui cassant les os,
Le bourreau ne lui put faire lâcher deux mots.

VALÈRE.
Monsieur de la Rapière, un homme de la sorte
Doit être regretté. Mais, quant à votre escorte,
Je vous rends grace.

LA RAPIÈRE.
   Soit : mais soyez averti
Qu'il vous cherche, et vous peut faire un mauvais parti.

VALÈRE.
Et moi, pour vous montrer combien je l'appréhende,
Je lui veux, s'il me cherche, offrir ce qu'il demande,
Et par toute la ville aller présentement,
Sans être accompagné que de lui seulement.

SCENE IV.

VALERE, MASCARILLE.

MASCARILLE.
Quoi! monsieur, vous voulez tenter Dieu? Quelle [audace!
Las! vous voyez tous deux comme l'on nous menace;
Combien de tous côtés...

ACTE V, SCENE V.

VALÈRE.
Que regardes-tu là ?

MASCARILLE.
C'est qu'il sent le bâton du côté que voilà.
Enfin si maintenant ma prudence en est crue,
Ne nous obstinons plus à rester dans la rue :
Allons nous renfermer.

VALÈRE.
Nous renfermer ! faquin,
Tu m'oses proposer un acte de coquin ?
Sus ; sans plus de discours, résous-toi de me suivre.

MASCARILLE.
Hé ! monsieur, mon cher maître, il est si doux de vivre !
On ne meurt qu'une fois ; et c'est pour si longtemps !...

VALÈRE.
Je m'en vais t'assommer de coups, si je t'entends.
Ascagne vient ici ; laissons-le : il faut attendre
Quel parti de lui même il résoudra de prendre
Cependant avec moi viens prendre à la maison
Pour nous frotter....

MASCARILLE.
Je n'ai nulle démangeaison.
Que maudit soit l'amour, et les filles maudites
Qui veulent en tâter, puis font les chatemites !

SCÈNE V.

ASCAGNE, FROSINE.

ASCAGNE.
Est-il bien vrai, Frosine, et ne rêvé-je point ?
De grace, contez-moi bien tout de point en point.

FROSINE.
Vous en saurez assez le détail, laissez faire ;
Ces sortes d'incidents ne sont pour l'ordinaire
Que redits trop de fois de moment en moment.
Suffit que vous sachiez qu'après ce testament
Qui voulait un garçon pour tenir sa promesse
De la femme d'Albert la dernière grossesse

N'accoucha que de vous ; et que lui, dessous main,
Ayant depuis longtemps concerté son dessein,
Fit son fils de celui d'Ignès la bouquetière,
Qui vous donna pour sienne à nourrir à ma mère.
La mort ayant ravi ce petit innocent
Quelques dix mois après, Albert étant absent,
La crainte d'un époux et l'amour maternelle
Firent l'évènement d'une ruse nouvelle.
Sa femme en secret lors se rendit son vrai sang,
Vous devîntes celui qui tenait votre rang ;
Et la mort de ce fils mis dans votre famille
Se couvrit pour Albert de celle de sa fille.
Voilà de votre sort un mystère éclairci,
Que votre feinte mère a caché jusqu'ici ;
Elle en dit des raisons, et peut en avoir d'autres
Par qui ses intérêts n'étaient pas tous les vôtres
Enfin cette visite, où j'espérais si peu,
Plus qu'on ne pouvait croire a servi votre feu.
Cette Ignès vous relâche ; et par votre autre affaire
L'éclat de son secret devenu nécessaire,
Nous en avons nous deux votre père informé.
Un billet de sa femme a le tout confirmé ;
Et poussant plus avant encore notre pointe,
Quelque peu de fortune à notre adresse jointe,
Aux intérêts d'Albert, de Polidore, après,
Nous avons ajusté si bien les intérêts,
Si doucement à lui déployé ces mystères,
Pour n'effaroucher pas d'abord trop les affaires ;
Enfin, pour dire tout, mené si prudemment
Son esprit pas à pas à l'accommodement,
Qu'autant que votre père il montre de tendresse
A confirmer les nœuds qui font votre allégresse.

ASCAGNE.

Ah ! Frosine, la joie où vous m'acheminez....
Hé ! que ne dois-je point à vos soins fortunés !

FROSINE.

Au reste le bon homme est en humeur de rire,
Et pour son fils encor nous défend de rien dire.

SCENE VI.

POLIDORE, ASCAGNE, FROSINE.

POLIDORE.

Approchez-vous, ma fille, un tel nom m'est permis,
Et j'ai su le secret que cachaient ces habits.
Vous avez fait un trait qui, dans sa hardiesse,
Fait briller tant d'esprit, et tant de gentillesse,
Que je vous en excuse, et tiens mon fils heureux
Quand il saura l'objet de ses soins amoureux.
Vous valez tout au monde, et c'est moi qui l'assure.
Mais le voici; prenons plaisir de l'aventure.
Allez faire venir tous vos gens promptement.

ASCAGNE.

Vous obéir sera mon premier compliment.

SCENE VII.

POLIDORE, VALÈRE, MASCARILLE.

MASCARILLE, à *Valère*.

Les disgraces souvent sont du ciel révélées.
J'ai songé cette nuit de perles défilées
Et d'œufs cassés, monsieur : un tel songe m'abat.

VALÈRE.

Chien de poltron !

POLIDORE.

Valère, il s'apprête un combat
Où toute ta valeur te sera nécessaire :
Tu vas avoir en tête un puissant adversaire.

MASCARILLE.

Et personne, monsieur, qui se veuille bouger
Pour retenir des gens qui se vont égorger?
Pour moi, je le veux bien; mais au moins, s'il arrive
Qu'un funeste accident de votre fils vous prive,
Ne m'en accusez point.

POLIDORE.

Non, non; en cet endroit,
Je le pousse moi-même à faire ce qu'il doit.

MASCARILLE.

Père dénaturé !

SCENE IX.

ALBERT, POLIDORE, ASCAGNE, LUCILE, ERASTE, VALÈRE, FROSINE, MARINETTE, GROS-RENÉ, MASCARILLE.

VALÈRE.

Il ne le fera pas,
Quand il joindrait au sien encor vingt autres bras.
Je le plains de défendre une sœur criminelle :
Mais puisque son erreur me veut faire querelle,
Nous le satisferons, et vous, mon brave, aussi.

ÉRASTE.

Je prenais intérêt tantôt à tout ceci ;
Mais enfin, comme Ascagne a pris sur lui l'affaire,
Je ne veux plus en prendre, et je le laisse faire.

VALÈRE.

C'est bien fait ; la prudence est toujours de saison.
Mais...

ÉRASTE.

Il saura pour tous vous mettre à la raison.

VALÈRE.

Lui ?

POLIDORE.

Ne t'y trompe pas, tu ne sais pas encore
Quel étrange garçon est Ascagne.

ALBERT.

Il l'ignore ;
Mais il pourra dans peu le lui faire savoir.

VALÈRE.

Sus donc, que maintenant il me le fasse voir.

MARINETTE.

Aux yeux de tous ?

GROS-RENÉ.

Cela ne serait pas honnête.

VALÈRE.

Se moque-t-on de moi ? Je casserai la tête
A quelqu'un des rieurs. Enfin, voyons l'effet.

ASCAGNE.

Non, non, je ne suis pas si méchant qu'on me fait ;
Et, dans cette aventure où chacun m'intéresse,

ACTE V, SCENE IX.

Vous allez voir plutôt éclater ma faiblesse,
Connaître que le ciel, qui dispose de nous,
Ne me fit pas un cœur pour tenir contre vous,
Et qu'il vous réservait pour victoire facile
De finir le destin du frère de Lucile.
Oui, bien loin de vanter le pouvoir de mon bras,
Ascagne va pour vous recevoir le trépas.
Mais il veut bien mourir, si sa mort nécessaire
Peut avoir maintenant de quoi vous satisfaire,
En vous donnant pour femme, en présence de tous,
Celle qui justement ne peut être qu'à vous.

VALÈRE.

Non, quand toute la terre, après sa perfidie
Et les traits effrontés...

ASCAGNE.

Ah ! souffrez que je die,
Valère, que le cœur qui vous est engagé
D'aucun crime envers vous ne peut être chargé :
Sa flamme est toujours pure et sa constance extrême,
Et j'en prends à témoin votre père lui-même.

POLIDORE.

Oui, mon fils, c'est assez rire de ta fureur,
Et je vois qu'il est temps de te tirer d'erreur.
Celle à qui par serment ton ame est attachée,
Sous l'habit que tu vois à tes yeux est cachée :
Un intérêt de bien, dès ses plus jeunes ans,
Fit ce déguisement qui trompe tant de gens;
Et depuis peu l'amour en a su faire un autre,
Qui t'abusa, joignant leur famille à la nôtre.
Ne va point regarder à tout le monde aux yeux;
Je te fais maintenant un discours sérieux.
Oui, c'est elle, en un mot, dont l'adresse subtile,
La nuit, reçut ta foi sous le nom de Lucile,
Et qui, par ce ressort qu'on ne comprenait pas,
A semé parmi vous un si grand embarras.
Mais puisqu'Acagne ici fait place à Dorothée,
Il faut voir de vos feux toute imposture ôtée,
Et qu'un nœud plus sacré donne force au premier.

ALBERT.

Et c'est là justement ce combat singulier

Qui devait envers nous réparer votre offense,
Et pour qui les édits n'ont point fait de défense.
POLIDORE.
Un tel évènement rend tes esprits confus :
Mais en vain tu voudrais balancer la-dessus.
VALÈRE.
Non, non, je ne veux pas songer à m'en défendre;
Et si cette aventure a lieu de me surprendre;
La surprise me flatte; et je me sens saisir
De merveille a la fois, d'amour, et de plaisir :
Se peut-il que ces yeux...?
ALBERT.
Cet habit, cher Valere,
Souffre mal les discours que vous lui pourriez faire.
Allons lui faire en prendre un autre, et cependant
Vous saurez le détail de tout cet incident.
VALÈRE.
Vous, Lucile, pardon si mon ame abusée...
LUCILE.
L'oubli de cette injure est une chose aisée.
ALBERT.
Allons, ce compliment se fera bien chez nous,
Et nous aurons loisir de nous en faire tous.
ERASTE.
Mais vous ne songez pas, en tenant ce langage,
Qu'il reste encore ici des sujets de carnage.
Voila bien a tous deux notre amour couronné;
Mais, de son Mascarille et de mon Gros-René,
Par qui doit Marinette être ici possédée,
Il faut que par le sang l'affaire soit vidée.
MASCARILLE. (bien.
Nenni, nenni; mon sang dans mon corps sied trop
Qu'il l'épouse en repos, cela ne me fait rien.
De l'humeur que je sais la chère Marinette,
L'hymen ne ferme pas la porte à la fleurette.
MARINETTE.
Et tu crois que de toi je ferais mon galant?
Un mari, passe encore, tel qu'il est on le prend;
On n'y va pas chercher tant de cérémonie :
Mais il faut qu'un galant soit fait à faire envie.

ACTE V, SCÈNE IX.

GROS-RENÉ.

Ecoute, quand l'hymen aura joint nos deux peaux,
Je prétends qu'on soit sourde à tous les damoiseaux.

MASCARILLE.

Tu crois te marier pour toi tout seul, compère?

GROS-RENÉ.

Bien entendu : je veux une femme sévère,
Ou je ferai beau bruit.

MASCARILLE.

Hé! mon Dieu! tu feras
Comme les autres font, et tu t'adouciras.
Ces gens avant l'hymen si fâcheux et critiques,
Dégénèrent souvent en maris pacifiques.

MARINETTE.

Va, va, petit mari, ne crains rien de ma foi ;
Les douceurs ne feront que blanchir contre moi,
Et je te dirai tout.

MASCARILLE.

O la fine pratique,
Un mari confident!

MARINETTE.

Taisez-vous, as de pique.

ALBERT.

Pour la troisième fois, allons-nous-en chez nous
Poursuivre en liberté des entretiens si doux.

FIN DU DÉPIT AMOUREUX.

LES
PRÉCIEUSES RIDICULES.

COMÉDIE EN UN ACTE.

1659.

PRÉFACE.

C'est une chose étrange, qu'on imprime les gens malgré eux! Je ne vois rien de si injuste, et je pardonnerais toute autre violence plutôt que celle-là.

Ce n'est pas que je veuille faire ici l'auteur modeste, et mépriser par honneur ma comédie : j'offenserais mal à propos tout Paris, si je l'accusais d'avoir pu applaudir à une sottise. Comme le public est le juge absolu de ces sortes d'ouvrages, il y aurait de l'impertinence à moi de le démentir; et quand j'aurais eu la plus mauvaise opinion du monde de mes *Précieuses ridicules* avant leur représentation, je dois croire maintenant qu'elles valent quelque chose, puisque tant de gens ensemble en ont dit du bien. Mais comme une grande partie des graces qu'on y a trouvées dépendent de l'action et du ton de voix, il m'importait qu'on ne les dépouillât pas de ces ornements; et je trouvais que le succès qu'elles avaient eu, dans la représentation, était assez beau pour en demeurer là. J'avais résolu, dis-je, de ne les faire voir qu'à la chandelle, pour ne point donner lieu à quelqu'un de dire le proverbe; et je ne voulais pas qu'elles sautassent du théâtre de Bourbon dans la galerie du Palais. Cependant je n'ai pu l'éviter, et je suis tombé dans la disgrace de voir une copie dérobée de ma pièce entre les mains des libraires, accompagnée d'un privilège obtenu par surprise. J'ai eu beau crier, O temps! ô mœurs! on m'a fait voir une nécessité pour moi d'être imprimé, ou d'avoir un procès; et le dernier mal est encore pire que le premier. Il faut donc se laisser aller à la destinée, et consentir à une chose qu'on ne laisserait pas de faire sans moi.

Mon Dieu! l'étrange embarras qu'un livre a mettre au jour! et qu'un auteur est neuf la première fois qu'on l'imprime! Encore, si l'on m'avait donné du temps, j'aurais pu mieux songer à moi, et j'aurais pris toutes les précautions que Messieurs les auteurs, à présent mes confrères, ont coutume de prendre en semblables occasions. Outre quelque grand seigneur que j'aurais été prendre malgré lui pour protecteur de mon ouvrage, et dont j'aurais tenté la liberalité par une épître dédicatoire bien fleurie, j'aurais tâché de faire une belle et docte preface; et je ne manque point de livres qui m'auraient fourni tout ce qu'on peut dire de savant sur la tragédie et la comédie, l'etymologie de toutes deux, leur origine, leur définition, et le reste. J'aurais parlé aussi à mes amis, qui, pour la recommandation de ma pièce, ne m'auraient pas refusé, ou des vers français, ou des vers latins. J'en ai même qui m'auraient loué en grec; et l'on n'ignore pas qu'une louange en grec est d'une merveilleuse efficace à la tête d'un livre. Mais on me met au jour sans me donner le loisir de me reconnaître; et je ne puis même obtenir la liberté de dire deux mots pour justifier mes intentions sur le sujet de cette comédie. J'aurais voulu faire voir qu'elle se tient partout dans les bornes de la satyre honnête et permise; que les plus excellentes choses sont sujettes à être copiées par de mauvais singes qui méritent d'être bernés; que ces vicieuses imitations de ce qu'il y a de plus parfait ont été de tout temps la matière de la comédie; et que par la même raison que les veritables savants et les vrais braves ne se sont point encore avisés de s'offenser du docteur de la comédie, et du capitan, non plus que les juges, les princes et les rois, de voir Trivelin ou quelque autre, sur le theâtre, faire ridiculement le juge, le prince, ou le roi; aussi les veritables précieuses auraient tort de se piquer lorsqu'on joue les ridicules qui les imitent mal. Mais enfin, comme j'ai dit, on ne me laisse pas le temps de respirer, et M. de Luynes veut m'aller faire relier de ce pas. A la bonne heure, puisque Dieu l'a voulu.

PERSONNAGES.

La Grange, \
Du Croisy, } amants rebutés.

Gorgibus, bon bourgeois.

Madelon, fille de Gorgibus, précieuse ridicule.

Cathos, nièce de Gorgibus, précieuse ridicule.

Marotte, servante des précieuses ridicules.

Almanzor, laquais des précieuses ridicules.

Le marquis de Mascarille, valet de La Grange.

Le vicomte de Jodelet, valet de Du Croisy.

Lucile, voisine de Gorgibus.

Célimène, voisine de Gorgibus.

Deux porteurs de chaise.

Violons.

La scène est à Paris, dans la maison de Gorgibus.

LES PRÉCIEUSES RIDICULES.

ACTE PREMIER.

SCÈNE PREMIERE.
LA GRANGE, DU CROISY.

DU CROISY.

Seigneur la Grange....

LA GRANGE.

Quoi?

DU CROISY.

Regardez-moi un peu sans rire.

LA GRANGE.

Hé bien?

DU CROISY.

Que dites-vous de notre visite? En êtes-vous fort satisfait?

LA GRANGE.

A votre avis, avons-nous sujet de l'être tous deux?

DU CROISY.

Pas tout à fait, à dire vrai.

LA GRANGE.

Pour moi, je vous avoue que j'en suis tout scandalisé. A-t-on jamais vu, dites-moi, deux pecques provinciales faire plus les renchéries que celles-là, et deux hommes traités avec plus de mépris que nous? A peine ont-elles pu se résoudre à nous faire donner des sièges. Je n'ai jamais vu tant parler à l'oreille qu'elles ont fait entre elles, tant bâiller, tant se frotter les yeux, et demander tant de fois, quelle heure est-il? Ont-elles répondu que oui et non, à tout ce que nous avons pu leur dire? Et ne m'avouerez-vous pas enfin que, quand nous aurions été les dernières personnes du monde, on ne pouvait nous faire pis qu'elles ont fait?

DU CROISY.

Il me semble que vous prenez la chose fort à cœur.

LA GRANGE.

Sans doute, je l'y prends, et de telle façon, que je me veux venger de cette impertinence. Je connais ce qui nous a fait mépriser. L'air précieux n'a pas seulement infecté Paris; il s'est aussi répandu dans les provinces, et nos donzelles ridicules en ont humé leur bonne part. En un mot, c'est un ambigu de précieuse et de coquette que leur personne. Je vois ce qu'il faut être pour en être bien reçu; et si vous m'en croyez, nous leur jouerons tous deux une pièce qui leur fera voir leur sottise, et pourra leur apprendre à connaître un peu mieux leur monde.

DU CROISY.

Et comment encore?

LA GRANGE.

J'ai un certain valet, nommé Mascarille, qui passe, au sentiment de beaucoup de gens, pour une manière de bel esprit; il n'y a rien à meilleur marché que le bel esprit maintenant. C'est un extravagant qui s'est mis dans la tête de vouloir faire l'homme de condition. Il se pique ordinairement de galanterie et de vers, et dédaigne les autres valets, jusqu'à les appeler brutaux.

DU CROISY.

Hé bien! qu'en prétendez-vous faire?

LA GRANGE.

Ce que j'en prétends faire? Il faut . . Mais sortons d'ici auparavant.

SCÈNE II.

GORGIBUS, DU CROISY, LA GRANGE.

GORGIBUS.

Hé bien! vous avez vu ma nièce et ma fille? Les

affaires iront-elles bien? Quel est le résultat de cette visite?

LA GRANGE.

C'est une chose que vous pourrez mieux apprendre d'elles que de nous. Tout ce que nous pouvons vous dire, c'est que nous vous rendons grace de la faveur que vous nous avez faite, et demeurons vos très humbles serviteurs.

DU CROISY.

Vos très humbles serviteurs.

GORGIBUS, *seul.*

Ouais! il semble qu'ils sortent mal satisfaits d'ici. D'où pourrait venir leur mécontentement? Il faut savoir un peu ce que c'est. Holà.

SCÈNE III.

GORGIBUS, MAROTTE.

MAROTTE.

Que désirez-vous, monsieur?

GORGIBUS.

Où sont vos maîtresses?

MAROTTE.

Dans leur cabinet.

GORGIBUS.

Que font-elles?

MAROTTE.

De la pommade pour les lèvres.

GORGIBUS.

C'est trop pommadé: dites-leur qu'elles descendent.

SCÈNE IV.

GORGIBUS, *seul.*

Ces pendardes-là, avec leur pommade, ont, je pense, envie de me ruiner. Je ne vois partout que blancs d'œufs, lait virginal, et mille autres brimborions que je ne connais point. Elles ont usé, depuis que nous sommes ici, le lard d'une douzaine de cochons, pour le moins; et quatre valets vivraient tous les jours des pieds de mouton qu'elles emploient.

SCENE V.

MADELON, CATHOS, GORGIBUS.

GORGIBUS.

Il est bien nécessaire, vraiment, de faire tant de dépense pour vous graisser le museau! Dites-moi un peu ce que vous avez fait à ces messieurs, que je les vois sortir avec tant de froideur. Vous avais-je pas commandé de les recevoir comme des personnes que je voulais vous donner pour maris?

MADELON.

Et quelle estime, mon père, voulez-vous que nous fassions du procédé irrégulier de ces gens-là?

CATHOS.

Le moyen, mon oncle, qu'une fille un peu raisonnable se pût accommoder de leur personne?

GORGIBUS.

Et qu'y trouvez-vous à redire?

MADELON.

La belle galanterie que la leur! Quoi! débuter d'abord par le mariage!

GORGIBUS.

Et par où veux-tu donc qu'ils débutent? par le concubinage? N'est-ce pas un procédé dont vous avez sujet de vous louer toutes deux, aussi bien que moi? Est-il rien de plus obligeant que cela? Et ce lien sacré où ils aspirent, n'est-il pas un témoignage de l'honnêteté de leurs intentions?

MADELON.

Ah! mon père, ce que vous dites là est du dernier bourgeois. Cela me fait honte de vous ouïr parler de la sorte; et vous devriez un peu vous faire apprendre le bel air des choses.

GORGIBUS.

Je n'ai que faire ni d'air ni de chanson. Je te dis que le mariage est une chose sainte et sacrée, et que c'est faire en honnêtes gens que de débuter par là.

MADELON.

Mon Dieu! que si tout le monde vous ressemblait,

un roman serait bientôt fini! La belle chose que ce serait si d'abord Cyrus épousait Mandane, et qu'Aronce de plain-pied fût mariée à Clélie!

GORGIBUS.
Que me vient conter celle-ci?

MADELON.
Mon père, voilà ma cousine qui vous dira, aussi bien que moi, que le mariage ne doit jamais arriver qu'après les autres aventures. Il faut qu'un amant, pour être agréable, sache débiter les beaux sentiments, pousser le doux, le tendre et le passionné, et que sa recherche soit dans les formes. Premièrement, il doit voir au temple, ou à la promenade, ou dans quelque cérémonie publique, la personne dont il devient amoureux; ou bien être conduit fatalement chez elle par un parent ou un ami, et sortir de là tout rêveur et mélancolique. Il cache un temps sa passion à l'objet aimé, et cependant lui rend plusieurs visites, où l'on ne manque jamais de mettre sur le tapis une question galante qui exerce les esprits de l'assemblée. Le jour de la déclaration arrive, qui se doit faire ordinairement dans une allée de quelque jardin, tandis que la compagnie s'est un peu éloignée; et cette déclaration est suivie d'un prompt courroux qui paraît à notre rougeur, et qui, pour un temps, bannit l'amant de notre présence. Ensuite il trouve moyen de nous apaiser, de nous accoutumer insensiblement au discours de sa passion, et de tirer de nous cet aveu qui fait tant de peine. Après cela viennent les aventures, les rivaux qui se jettent à la traverse d'une inclination établie, les persécutions des pères, les jalousies conçues sur de fausses apparences, les plaintes, les désespoirs, les enlèvements, et ce qui s'ensuit. Voilà comme les choses se traitent dans les belles manières; et ce sont des règles dont, en bonne galanterie, on ne saurait se dispenser. Mais en venir de but en blanc à l'union conjugale, ne faire l'amour qu'en faisant le contrat de mariage, et prendre justement le roman par la queue; encore un coup, mon père, il ne se peut rien

de plus marchand que ce procédé ; et j'ai mal au cœur de la seule vision que cela me fait.

GORGIBUS.

Quel diable de jargon entends-je ici? Voici bien du haut style.

CATHOS.

En effet, mon oncle, ma cousine donne dans le vrai de la chose. Le moyen de bien recevoir des gens qui sont tout à fait incongrus en galanterie? Je m'en vais gager qu'ils n'ont jamais vu la carte de Tendre, et que Billets-doux, Petits-soins, Billets-galants et Jolis-vers, sont des terres inconnues pour eux. Ne voyez-vous pas que toute leur personne marque cela, et qu'ils n'ont point cet air qui donne d'abord bonne opinion des gens? Venir en visite amoureuse avec une jambe tout unie, un chapeau désarmé de plumes, une tête irrégulière en cheveux, et un habit qui souffre une indigence de rubans ; mon Dieu! quels amants sont-ce là! Quelle frugalité d'ajustement, et quelle sécheresse de conversation ! On n'y dure point, on n'y tient pas. J'ai remarqué encore que leurs rabats ne sont pas de la bonne faiseuse, et qu'il s'en faut plus d'un grand demi-pied que leurs hauts de chausses ne soient assez larges.

GORGIBUS.

Je pense qu'elles sont folles toutes deux, et je ne puis rien comprendre à ce baragouin. Cathos, et vous, Madelon...

MADELON.

Hé ! de grace, mon père, défaites-vous de ces noms étranges, et nous appelez autrement.

GORGIBUS.

Comment, ces noms étranges ! Ne sont-ce pas vos noms de baptême ?

MADELON.

Mon Dieu! que vous êtes vulgaire ! Pour moi, un de mes étonnements, c'est que vous ayez pu faire une fille si spirituelle que moi. A-t-on jamais parlé, dans le beau style, de Cathos ni de Madelon ? et ne m'avoue-

SCÈNE V.

rez-vous pas que ce serait assez d'un de ces noms pour décrier le plus beau roman du monde?

CATHOS.

Il est vrai, mon oncle, qu'une oreille un peu délicate pâtit furieusement à entendre prononcer ces mots là; et le nom de Polixene, que ma cousine a choisi, et celui d'Aminte, que je me suis donné, ont une grace dont il faut que vous demeuriez d'accord.

GORGIBUS.

Ecoutez; il n'y a qu'un mot qui serve. Je n'entends point que vous ayez d'autres noms que ceux qui vous ont été donnés par vos parrains et marraines; et pour ces messieurs dont il est question, je connais leurs familles et leurs biens, et je veux résolument que vous vous disposiez à les recevoir pour maris. Je me lasse de vous avoir sur les bras, et la garde de deux filles est une charge un peu trop pesante pour un homme de mon âge.

CATHOS.

Pour moi, mon oncle, tout ce que je puis vous dire, c'est que je trouve le mariage une chose tout à fait choquante. Comment est-ce qu'on peut souffrir la pensée de coucher contre un homme vraiment nu?

MADELON.

Souffrez que nous prenions un peu haleine parmi le beau monde de Paris, où nous ne faisons que d'arriver. Laissez-nous faire à loisir le tissu de notre roman, et, n'en pressez point tant la conclusion.

GORGIBUS, *à part*.

Il n'en faut point douter, elles sont achevées (*haut.*) Encore un coup, je n'entends rien à toutes ces balivernes, je veux être maître absolu, et pour trancher toutes sortes de discours, où vous serez mariées toutes deux avant qu'il soit peu, ou, ma foi, vous serez religieuses; j'en fais un bon serment.

SCÈNE VI.

CATHOS, MADELON.

CATHOS.

Mon Dieu! ma chère, que ton père a la forme enfoncée dans la matière! que son intelligence est épaisse! et qu'il fait sombre dans son ame!

MADELON.

Que veux-tu, ma chère! je suis en confusion pour lui; j'ai peine à me persuader que je puisse être véritablement sa fille, et je crois que quelque aventure, un jour, me viendra développer une naissance plus illustre.

CATHOS.

Je le croirais bien; oui, il y a toutes les apparences du monde. Et pour moi, quand je me regarde aussi...

SCÈNE VII.

CATHOS, MADELON, MAROTTE.

MAROTTE.

Voilà un laquais qui demande si vous êtes au logis, et dit que son maître vous veut venir voir.

MADELON.

Apprenez, sotte, à vous énoncer moins vulgairement. Dites: Voilà un nécessaire qui demande si vous êtes en commodité d'être visibles.

MAROTTE.

Dame! je n'entends point le latin; et je n'ai pas appris, comme vous, la filophie dans le grand Cyre.

MADELON.

L'impertinente! Le moyen de souffrir cela! Et qui est-il, le maître de ce laquais?

MAROTTE.

Il me l'a nommé le marquis de Mascarille.

MADELON.

Ah! ma chère, un marquis! Oui, allez dire qu'on peut nous voir. C'est sans doute un bel esprit qui aura ouï parler de nous.

CATHOS.

Assurément, ma chère.

MADELON.

Il faut le recevoir dans cette salle basse, plutôt qu'en notre chambre. Ajustons un peu nos cheveux au moins, et soutenons notre réputation. Vite, venez nous tendre ici dedans le conseiller des graces.

MAROTTE.

Par ma foi, je ne sais point quelle bête c'est là; il faut parler chrétien, si vous voulez que je vous entende.

CATHOS.

Apportez-nous le miroir, ignorante que vous êtes, et gardez-vous bien d'en salir la glace par la communication de votre image.

(*Elles sortent.*)

SCÈNE VIII.

MASCARILLE, DEUX PORTEURS.

MASCARILLE.

Holà, porteurs, holà. Là, là, là, là, là, là. Je pense que ces marauds-là ont le dessein de me briser à force de heurter contre les murailles et les pavés.

PREMIER PORTEUR.

Dame! c'est que la porte est étroite. Vous avez voulu aussi que nous soyons entrés jusqu'ici.

MASCARILLE.

Je le crois bien, voudriez-vous, faquins, que j'exposasse l'embonpoint de mes plumes aux inclémences de la saison pluvieuse, et que j'allasse imprimer mes souliers en bouc? Allez, ôtez votre chaise d'ici.

DEUXIÈME PORTEUR.

Payez-nous donc, s'il vous plaît, monsieur.

MASCARILLE.

Hein?

DEUXIÈME PORTEUR.

Je dis, monsieur, que vous nous donniez de l'argent, s'il vous plaît.

MASCARILLE, *lui donnant un soufflet.*

Comment, coquin! demander de l'argent à une personne de ma qualité!

DEUXIÈME PORTEUR.

Est-ce ainsi qu'on paye les pauvres gens? et votre qualité nous donne-t-elle à dîner?

MASCARILLE.

Ah! ah! je vous apprendrai à vous connaître. Ces canailles-là s'osent jouer à moi!

PREMIER PORTEUR, *prenant un des bâtons de sa chaise.*

Ça, payez-nous vitement.

MASCARILLE.

Quoi?

PREMIER PORTEUR.

Je dis que je veux avoir de l'argent, tout à l'heure.

MASCARILLE.

Il est raisonnable celui-là.

PREMIER PORTEUR.

Vite donc.

MASCARILLE.

Oui-dà, tu parles comme il faut, toi; mais l'autre est un coquin qui ne sait ce qu'il dit. Tiens, es-tu content?

PREMIER PORTEUR.

Non, je ne suis pas content; vous avez donné un soufflet à mon camarade, et... . (*levant son bâton.*)

MASCARILLE.

Doucement; tiens, voilà pour le soufflet. On obtient tout de moi quand on s'y prend de la bonne façon. Allez, venez me reprendre tantôt pour aller au Louvre, au petit coucher.

SCÈNE IX.

MAROTTE, MASCARILLE.

MAROTTE.

Monsieur, voilà mes maîtresses qui vont venir tout à l'heure.

MASCARILLE.

Qu'elles ne se pressent point; je suis ici posté commodément pour attendre.

MAROTTE.

Les voici.

SCENE X.

MADELON, CATHOS, MASCARILLE, ALMANZOR.

MASCARILLE, *après avoir salué.*

Mesdames, vous serez surprises, sans doute, de l'audace de ma visite; mais votre réputation vous attire cette méchante affaire, et le mérite a pour moi des charmes si puissants, que je cours partout après lui.

MADELON.

Si vous poursuivez le mérite, ce n'est pas sur nos terres que vous devez chasser.

CATHOS.

Pour avoir chez nous le mérite, il a fallu que vous l'y ayez amené.

MASCARILLE.

Ah! je m'inscris en faux contre vos paroles. La renommée accuse juste en contant ce que vous valez; et vous allez faire pic, repic et capot tout ce qu'il y a de galant dans Paris.

MADELON.

Votre complaisance pousse un peu trop avant la libéralité de ses louanges; et nous n'avons garde, ma cousine et moi, de donner de notre sérieux dans le doux de votre flatterie.

CATHOS.

Ma chère, il faudrait faire donner des sièges.

MADELON.

Hola! Almanzor.

ALMANZOR.

Madame?

MADELON.

Vite, voiturez-nous ici les commodités de la conversation.

MASCARILLE.

Mais, au moins, y a-t-il sûreté ici pour moi?

(*Almanzor sort.*)

CATHOS.
Que craignez-vous?
MASCARILLE.
Quelque vol de mon cœur, quelque assassinat de ma franchise. Je vois ici deux yeux qui ont la mine d'être de fort mauvais garçons, de faire insulte aux libertés, et de traiter une ame de Turc à More. Comment diable! d'abord qu'on les approche, ils se mettent sur leur garde meurtrière! Ah! par ma foi, je m'en défie; et je m'en vais gagner au pied, ou je veux caution bourgeoise qu'ils ne me feront point de mal.
MADELON.
Ma chère, c'est le caractere enjoué.
CATHOS.
Je vois bien que c'est un Amilcar.
MADELON.
Ne craignez rien, nos yeux n'ont point de mauvais desseins, et votre cœur peut dormir en assurance sur leur prud'homie.
CATHOS.
Mais, de grace, monsieur, ne soyez point inexorable à ce fauteuil qui vous tend les bras il y a un quart d'heure; contentez un peu l'envie qu'il a de vous embrasser.
MASCARILLE, *après s'être peigné et avoir ajusté ses canons.*
Hé bien! mesdames, que dites-vous de Paris!
MADELON.
Hélas! qu'en pourrions-nous dire? Il faudrait être l'antipode de la raison pour ne pas confesser que Paris est le grand bureau des merveilles, le centre du bon goût, du bel esprit, et de la galanterie.
MASCARILLE.
Pour moi, je tiens que hors de Paris il n'y a point de salut pour les honnêtes gens.
CATHOS.
C'est une verité incontestable.
MASCARILLE.
Il y fait un peu crotté; mais nous avons la chaise.
MADELON.
Il est vrai que la chaise est un retranchement mer-

veilleux contre les insultes de la boue et du mauvais temps.

MASCARILLE.

Vous recevez beaucoup de visites? Quel bel esprit est des vôtres?

MADELON.

Hélas! nous ne sommes pas encore connues, mais nous sommes en passe de l'être, et nous avons une amie particulière qui nous a promis d'amener ici tous ces messieurs du Recueil des pièces choisies.

CATHOS.

Et certains autres qu'on nous a nommés aussi pour être les arbitres souverains des belles choses.

MASCARILLE.

C'est moi qui ferai votre affaire mieux que personne : ils me rendent tous visite ; et je puis dire que je ne me lève jamais sans une demi-douzaine de beaux esprits.

MADELON.

Hé! mon Dieu! nous vous serons obligées de la dernière obligation, si vous nous faites cette amitié; car enfin il faut avoir la connaissance de tous ces messieurs-là, si l'on veut être du beau monde. Ce sont eux qui donnent le branle à la réputation dans Paris; et vous savez qu'il y en a tel dont il ne faut que la seule fréquentation pour vous donner bruit de connaisseuse, quand il n'y aurait rien autre chose que cela. Mais pour moi, ce que je considère particulièrement, c'est que, par le moyen de ces visites spirituelles, on est instruit de cent choses qu'il faut savoir de nécessité, et qui sont de l'essence du bel esprit. On apprend par là chaque jour les petites nouvelles galantes, les jolis commerces de prose ou de vers. On sait à point nommé : un tel a composé la plus jolie pièce du monde sur un tel sujet; une telle a fait des paroles sur un tel air : celui-ci a fait un madrigal sur une jouissance; celui-là a composé des stances sur une infidélité : monsieur un tel écrivit hier au soir un sixain à mademoiselle une telle, dont elle lui a envoyé la réponse ce matin sur les huit heures : un tel auteur a fait un tel dessein; celui-là est à la troisième partie de son roman, cet autre met ses ouvrages sous la presse. C'est là ce qui vous fait valoir dans les compagnies; et si l'on ignore ces choses, je ne donnerais pas un clou de tout l'esprit qu'on peut avoir.

CATHOS.

En effet, je trouve que c'est renchérir sur le ridicule, qu'une personne se pique d'esprit, et ne sache pas jusqu'au moindre petit quatrain qui se fait chaque jour; et pour moi j'aurais toutes les hontes du monde, s'il fallait qu'on vînt à me demander si j'aurais vu quelque chose de nouveau que je n'aurais pas vu.

MASCARILLE.

Il est vrai qu'il est honteux de n'avoir pas des premiers tout ce qui se fait. Mais ne vous mettez pas en peine; je veux établir chez vous une académie de beaux esprits; et je vous promets qu'il ne se fera pas un bout de vers dans Paris que vous ne sachiez par cœur avant tous les autres. Pour moi, tel que vous me voyez, je m'en escrime un peu quand je veux; et vous verrez courir de ma façon, dans les belles ruelles de Paris, deux cents chansons, autant de sonnets, quatre cents epigrammes, et plus de mille madrigaux, sans compter les énigmes et les portraits.

MADELON.

Je vous avoue que je suis furieusement pour les portraits; je ne vois rien de si galant que cela.

MASCARILLE.

Les portraits sont difficiles, et demandent un esprit profond : vous en verrez de ma manière qui ne vous déplairont pas.

CATHOS.

Pour moi, j'aime terriblement les énigmes.

MASCARILLE.

Cela exerce l'esprit, et j'en ai fait quatre encore ce matin, que je vous donnerai à deviner.

MADELON.

Les madrigaux sont agréables, quand ils sont bien tournés.

SCÈNE X.

MASCARILLE

C'est mon talent particulier, et je travaille à mettre en madrigaux toute l'histoire romaine.

MADELON.

Ah! certes, cela sera du dernier beau! j'en retiens un exemplaire au moins, si vous le faites imprimer.

MASCARILLE.

Je vous en promets à chacune un, et des mieux reliés. Cela est au-dessous de ma condition; mais je le fais seulement pour donner à gagner aux libraires qui me persécutent.

MADELON.

Je m'imagine que le plaisir est grand de se voir imprimer.

MASCARILLE.

Sans doute. Mais à propos, il faut que je vous die un impromptu que je fis hier chez une duchesse de mes amies que je fus visiter; car je suis diablement fort sur les impromptus.

CATHOS.

L'impromptu est justement la pierre de touche de l'esprit.

MASCARILLE.

Ecoutez donc.

MADELON.

Nous y sommes de toutes nos oreilles.

MASCARILLE.

Oh! oh! je n'y prenais pas garde:
Tandis que sans songer à mal, je vous regarde,
Votre œil en tapinois me dérobe mon cœur.
Au voleur! au voleur! au voleur! au voleur!

CATHOS.

Ah! mon Dieu! voilà qui est poussé dans le dernier galant.

MASCARILLE.

Tout ce que je fais a l'air cavalier; cela ne sent point le pédant.

MADELON.

Il en est éloigné de plus de deux mille lieues.

MASCARILLE.

Avez-vous remarqué ce commencement *oh! oh!* Voilà qui est extraordinaire, *oh! oh!* comme un homme qui s'avise tout d'un coup, *oh! oh!* La surprise, *oh! oh!*

MADELON.

Oui, je trouve ce *oh! oh!* admirable.

MASCARILLE.

Il semble que cela ne soit rien.

CATHOS.

Ah! mon Dieu! que dites-vous? Ce sont là de ces sortes de choses qui ne se peuvent payer.

MADELON.

Sans doute; et j'aimerais mieux avoir fait ce *oh! oh!* qu'un poëme épique.

MASCARILLE.

Tudieu! vous avez le goût bon.

MADELON.

Hé! je ne l'ai pas tout à fait mauvais.

MASCARILLE.

Mais n'admirez-vous pas aussi, *je n'y prenais pas garde? je n'y prenais pas garde*, je ne m'apercevais pas de cela; façon de parler naturelle, *je n'y prenais pas garde. Tandis que sans songer à mal*, tandis qu'innocemment, sans malice, comme un pauvre mouton, *je vous regarde*, c'est à dire je m'amuse à vous considérer, je vous observe, je vous contemple; *votre œil en tapinois...* Que vous semble de ce mot *tapinois*? n'est-il pas bien choisi?

CATHOS.

Tout à fait bien.

MASCARILLE.

Tapinois, en cachette; il semble que ce soit un chat qui vienne de prendre une souris, *tapinois*.

MADELON.

Il ne se peut rien de mieux.

MASCARILLE.

Me dérobe mon cœur, me l'emporte, me le ravit; au voleur! au voleur! au voleur! au voleur! Ne diriez vous-pas que c'est un homme qui crie et

SCENE X.

court après un voleur pour le faire arrêter? *au voleur!
au voleur! au voleur! au voleur!*

MADELON.

Il faut avouer que cela a un tour spirituel et galant.

MASCARILLE.

Je veux vous dire l'air que j'ai fait dessus.

CATHOS.

Vous avez appris la musique?

MASCARILLE.

Moi? Point du tout.

CATHOS.

Et comment donc cela se peut-il

MASCARILLE.

Les gens de qualité savent tout sans avoir jamais appris.

MADELON.

Assurément, ma chère.

MASCARILLE.

Ecoutez si vous trouverez l'air à votre goût. *Hem, hem, la, la, la, la, la.* La brutalité de la saison a furieusement outragé la délicatesse de ma voix: mais il n'importe, c'est à la cavalière. (*Il chante.*)

Oh! oh! je ny prenais pas garde, etc.

CATHOS.

Ah! que voilà un air qui est passionné! Est-ce qu'on n'en meurt point?

MADELON.

Il y a de la chromatique là-dedans.

MASCARILLE.

Ne trouvez-vous pas la pensée bien exprimée dans le chant? *Au voleur! au voleur! au voleur!* Et puis comme si l'on criait bien fort, *au, au, au, au, au voleur!* Et tout d'un coup, comme une personne essoufflée, *au voleur!*

MADELON.

C'est là savoir le fin des choses, le grand fin, le fin du fin. Tout est merveilleux, je vous assure; je suis enthousiasmée de l'air et des paroles.

CATHOS.

Je n'ai encore rien vu de cette force-là.

MASCARILLE.

Tout ce que je fais me vient naturellement; c'est sans étude.

MADELON.

La nature vous a traité en vraie mère passionnée, et vous en êtes l'enfant gâté.

MASCARILLE.

A quoi donc passez-vous le temps, mesdames?

CATHOS.

A rien du tout.

MADELON.

Nous avons été jusqu'ici dans un jeûne effroyable de divertissements.

MASCARILLE.

Je m'offre à vous mener l'un de ces jours à la comédie, si vous voulez; aussi bien on en doit jouer une nouvelle que je serai bien aise que nous voyions ensemble.

MADELON.

Cela n'est pas de refus.

MASCARILLE.

Mais je vous demande d'applaudir comme il faut, quand nous serons là; car je me suis engagé de faire valoir la pièce, et l'auteur m'en est venu prier encore ce matin. C'est la coutume ici qu'a nous autres gens de condition, les auteurs viennent lire leurs pièces nouvelles pour nous engager à les trouver belles et leur donner de la réputation; et je vous laisse à penser si quand nous disons quelque chose, le parterre ose nous contredire. ¡Pour moi j'y suis fort exact; et quand j'ai promis à quelque poète, je crie toujours. Voilà qui est beau! devant que les chandelles soient allumées.

MADELON.

Ne m'en parlez point, c'est un admirable lieu que Paris; il s'y passe cent choses tous les jours qu'on ignore dans les provinces, quelque spirituelle qu'on puisse être.

CATHOS.

C'est assez; puisque nous sommes instruites, nous ferons notre devoir de nous écrier comme il faut sur tout ce qu'on dira.

MASCARILLE.

Je ne sais si je me trompe : mais vous avez toute la mine d'avoir fait quelque comédie.

MADELON.

Hé ! il pourrait être quelque chose de ce que vous dites.

MASCARILLE.

Ah ! ma foi, il faudra que nous la voyions. Entre nous j'en ai composé une que je veux faire représenter.

CATHOS.

Hé ! à quels comédiens la donnerez-vous?

MASCARILLE.

Belle demande ! Aux grands comédiens ; il n'y a qu'eux qui soient capables de faire valoir les choses : les autres sont des ignorants qui récitent comme l'on parle; ils ne savent pas faire ronfler les vers, et s'arrêter au bel endroit. Et le moyen de connaître où est le beau vers, si le comédien ne s'y arrête, et ne vous avertit par là qu'il faut faire le brouhaha ?

CATHOS.

En effet, il y a manière de faire sentir aux auditeurs les beautés d'un ouvrage; et les choses ne valent que ce qu'on les fait valoir.

MASCARILLE.

Que vous semble de ma petite oie ? la trouvez-vous congruante à l'habit ?

CATHOS.

Tout à fait.

MASCARILLE.

Le ruban est bien choisi.

MADELON.

Furieusement bien. C'est Perdrigeon tout pur.

MASCARILLE.

Que dites-vous de mes canons ?

MADELON.

Ils ont tout à fait bon air.

MASCARILLE.

Je puis me vanter au moins qu'ils ont un grand quartier plus que tous ceux qu'on fait.

MADELON.

Il faut avouer que je n'ai jamais vu porter si haut l'élégance de l'ajustement.

MASCARILLE.

Attachez un peu sur ces gants la réflexion de votre odorat.

MADELON.

Ils sentent terriblement bon.

CATHOS.

Je n'ai jamais respiré une odeur mieux conditionnée.

MASCARILLE.

Et celle-là ? (*Il donne à sentir les cheveux poudrés de sa perruque.*)

MADELON.

Elle est tout à fait de qualité ; le sublime en est touché délicieusement.

MASCARILLE.

Vous ne me dites rien de mes plumes ! Comment les trouvez-vous ?

CATHOS.

Effroyablement belles.

MASCARILLE.

Savez-vous que le brin me coûte un louis d'or ? Pour moi j'ai cette manie de vouloir donner généralement sur tout ce qu'il y a de plus beau.

MADELON.

Je vous assure que nous sympathisons vous et moi. J'ai une délicatesse furieuse pour tout ce que je porte; et jusqu'à mes chaussettes; je ne puis rien souffrir qui ne soit de la bonne faiseuse.

MASCARILLE, *s'écriant brusquement.*

Ahi ! ahi ! ahi ! doucement. Dieu me damne, mesdames ! c'est fort mal en user; j'ai à me plaindre de votre procédé : cela n'est pas honnête.

CATHOS.

Qu'est-ce donc ? qu'avez-vous ?

MASCARILLE.

Quoi ! toutes deux contre mon cœur en même temps ? M'attaquer à droite et à gauche ? Ah ! c'est contre le droit des gens; la partie n'est pas égale, et je m'en vais crier au meurtre.

CATHOS.

Il faut avouer qu'il dit les choses d'une manière particulière.

MADELON.

Il a un tour admirable dans l'esprit.

CATHOS.

Vous avez plus de peur que de mal, et votre cœur crie avant qu'on l'écorche.

MASCARILLE.

Comment diable ! il est écorché depuis la tête jusqu'aux pieds.

SCENE XI.

CATHOS, MADELON, MASCARILLE, MAROTTE.

MAROTTE.

Madame, on demande à vous voir.

MADELON.

Qui ?

MAROTTE.

Le vicomte de Jodelet.

MASCARILLE.

Le vicomte de Jodelet?

MAROTTE.

Oui, monsieur.

CATHOS.

Le connaissez-vous ?

MASCARILLE.

C'est mon meilleur ami.

MADELON.

Faites entrer vitement.

MASCARILLE.

Il y a quelque temps que nous ne nous sommes vus, et je suis ravi de cette aventure.

CATHOS.

Le voici.

SCENE XII.

CATHOS, MADELON, MASCARILLE, JODELET, MAROTTE, ALMANZOR.

MASCARILLE.

Ah ! vicomte !

JODELET, *s'embrassant l'un l'autre.*

Ah ! marquis !

MASCARILLE.

Que je suis aise de te rencontrer !

JODELET.

Que j'ai de joie de te voir ici !

MASCARILLE.

Baise-moi donc encore un peu, je te prie.

MADELON, *à Cathos.*

Ma toute bonne, nous commençons d'être connues ; voilà le beau monde qui prend le chemin de nous venir voir.

MASCARILLE.

Mesdames, agréez que je vous présente ce gentilhomme-ci ; sur ma parole, il est digne d'être connu de vous.

JODELET.

Il est juste de venir vous rendre ce qu'on vous doit ; et vos attraits exigent leurs droits seigneuriaux sur toutes sortes de personnes.

MADELON.

C'est pousser vos civilités jusqu'aux derniers confins de la flatterie.

CATHOS.

Cette journée doit être marquée dans notre almanach comme une journée bien heureuse.

MADELON, *à Almanzor.*

Allons, petit garçon, faut-il toujours vous répéter les choses ? Voyez-vous pas qu'il faut le surcroît d'un fauteuil ?

MASCARILLE.

Ne vous étonnez pas de voir le vicomte de la sorte ;

SCENE XII.

il ne fait que sortir d'une maladie qui lui a rendu le visage pâle, comme vous le voyez.

JODELET.

Ce sont fruits des veilles de la cour, et des fatigues de la guerre.

MASCARILLE.

Savez-vous, mesdames, que vous voyez dans le vicomte un des vaillants hommes du siècle! c'est un brave à trois poils.

JODELET.

Vous ne m'en devez rien, marquis; et nous savons ce que vous savez faire aussi.

MASCARILLE.

Il est vrai que nous nous sommes vus tous deux dans l'occasion.

JODELET.

Et dans des lieux où il faisait fort chaud.

MASCARILLE *regardant Cathos et Madelon.*

Oui, mais non pas si chaud qu'ici. Hai! hai! hai!

JODELET.

Notre connaissance s'est faite à l'armée; et la première fois que nous nous vîmes, il commandait un régiment de cavalerie sur les galères de Malte.

MASCARILLE.

Il est vrai: mais vous étiez pourtant dans l'emploi avant que j'y fusse; et je me souviens que je n'étais que petit officier encore, que vous commandiez deux mille chevaux.

JODELET.

La guerre est une belle chose : mais, ma foi! la cour récompense bien mal aujourd'hui les gens de service comme nous.

MASCARILLE.

C'est ce qui fait que je veux pendre l'épée au croc.

CATHOS.

Pour moi, j'ai un furieux tendre pour les hommes d'épée.

MADELON.

Je les aime aussi : mais je veux que l'esprit assaisonne la bravoure.

MASCARILLE.

Te souvient-il, vicomte, de cette demi-lune que nous emportâmes sur les ennemis au siège d'Arras.

JODELET.

Que veux-tu dire avec ta demi-lune? C'était bien une lune tout entière.

MASCARILLE.

Je pense que tu as raison.

JODELET.

Il m'en doit bien souvenir, ma foi! j'y fus blessé à la jambe d'un coup de grenade, dont je porte encore les marques. Tâtez un peu, de grace; vous sentirez quel coup c'était-là.

CATHOS, *après avoir touché l'endroit.*

Il est vrai que la cicatrice est grande.

MASCARILLE.

Donnez-moi un peu votre main, et tâtez celui-ci: là justement au derrière de la tête. Y êtes-vous.

MADELON.

Oui, je sens quelque chose.

MASCARILLE.

C'est un coup de mousquet que je reçus la dernière campagne que j'ai faite.

JODELET, *découvrant sa poitrine.*

Voici un coup qui me perça de part en part à l'attaque de Gravelines.

MASCARILLE, *mettant la main sur le bouton de son haut de chausse.*

Je vais vous montrer une furieuse plaie.

MADELON.

Il n'est pas nécessaire, nous le croyons sans y regarder.

MASCARILLE.

Ce sont des marques honorables qui font voir ce qu'on est.

CATHOS.

Nous ne doutons pas de ce que vous êtes.

MASCARILLE.

Vicomte, as-tu là ton carrosse?

SCENE XII.

JODELET.

Pourquoi?

MASCARILLE.

Nous mènerions promener ces dames hors des portes, et leur donnerions un cadeau.

MADELON.

Nous ne saurions sortir aujourd'hui.

MASCARILLE.

Ayons donc les violons pour danser.

JODELET.

Ma foi, c'est bien avisé.

MADELON.

Pour cela nous y consentons : mais il faut donc quelque surcroît de compagnie.

MASCARILLE.

Holà, Champagne, Picard, Bourguignon, Cascaret, Basque, la Verdure, Lorrain, Provençal, la Violette. Au diable soient tous les laquais! Je ne pense pas qu'il y ait gentilhomme en France plus mal servi que moi. Ces canailles me laissent toujours seul.

MADELON.

Almanzor, dites aux gens de monsieur qu'ils aillent quérir des violons, et nous faites venir ces messieurs et ces dames d'ici près, pour peupler la solitude de notre bal. (*Almanzor sort.*)

MASCARILLE.

Vicomte, que dis-tu de ces yeux?

JODELET.

Mais toi-même, marquis, que t'en semble?

MASCARILLE.

Moi, je dis que nos libertés auront peine à sortir d'ici les braies nettes. Au moins, pour moi, je reçois d'étranges secousses, et mon cœur ne tient plus qu'à un filet.

MADELON.

Que tout ce qu'il dit est naturel! il tourne les choses le plus agréablement du monde.

CATHOS.

Il est vrai qu'il fait une furieuse dépense en esprit.

MASCARILL.
Pour vous montrer que je suis véritable, je veux faire un impromptu là-dessus. *(il médite.)*

CATHOS.
Hé! je vous en conjure de toute la dévotion de mon cœur, que nous oyions quelque chose qu'on ait fait pour nous.

JODELET.
J'aurais envie d'en faire autant, mais je me trouve un peu incommodé de la veine poétique pour la quantité des saignées que j'y ai faites ces jours passés.

MASCARILLE.
Que diable est-ce là! Je fais toujours bien le premier vers, mais j'ai peine à faire les autres. Ma foi, ceci est un peu trop pressé; je vous ferai un impromptu à loisir, que vous trouverez le plus beau du monde.

JODELET.
Il a de l'esprit comme un démon.

MADELON.
Et du galant, et du bien tourné.

MASCARILLE.
Vicomte, dis-moi un peu, y a-t-il longtemps que tu n'as vu la comtesse?

JODELET.
Il y a plus de trois semaines que je ne lui ai rendu visite.

MASCARILLE.
Sais-tu bien que le duc m'est venu voir ce matin, et m'a voulu mener a la campagne courir un cerf avec lui?

MADELON.
Voici nos amies qui viennent.

SCENE XIII.

LUCILE, CÉLIMÈNE, CATHOS, MADELON, MASCARILLE, JODELET, MAROTTE, ALMANZOR, VIOLONS.

MADELON.
Mon Dieu! mes chères, nous vous demandons par-

SCENE XIV.

don. Ces messieurs ont eu fantaisie de nous donner les ames des pieds, et nous vous avons envoyé quérir pour remplir les vides de notre assemblée.

LUCILE.

Vous nous avez obligées, sans doute.

MASCARILLE.

Ce n'est ici qu'un bal à la hâte ; mais, l'un de ces jours, nous vous en donnerons un dans les formes. Les violons sont-ils venus?

ALMANZOR.

Oui, monsieur, ils sont ici.

CATHOS.

Allons donc, mes chères, prenez place.

MASCARILLE, *dansant lui seul comme par prélude.*

La, la la, la, la, la, la, la.

MADELON.

Il a la taille tout à fait élégante.

CATHOS.

Et a la mine de danser proprement.

MASCARILLE, *ayant pris Madelon pour danser.*

Ma franchise va danser la courante aussi bien que mes pieds. En cadence, violons ; en cadence. O quels ignorants! Il n'y a pas moyen de danser avec eux. Le diable vous emporte! ne sauriez-vous jouer en mesure! La, la, la, la, la, la, la, la. Ferme! O violons de village!

JODELET, *dansant ensuite.*

Holà! ne pressez pas si fort la cadence, je ne fais que sortir de maladie.

SCENE XIV.

DU CROISY, LA GRANGE, CATHOS, MADELON, LUCILE, CÉLIMENE, JODELET, MASCARILLE, MAROTTE, VIOLONS.

LA GRANGE, *un bâton à la main.*

Ah! ah! coquins, que faites-vous ici? Il y a trois heures que nous vous cherchons.

MASCARILLE, *se sentant battre.*

Ahi! ahi! ahi! vous ne m'aviez pas dit que les coups en seraient aussi.

JODELET.

Ahi! ahi! ahi!

LA GRANGE.

C'est bien à vous, infame que vous êtes, à vouloir faire l'homme d'importance!

DU CROISY.

Voilà qui vous apprendra à vous connaître.

SCENE XV.

CATHOS, MADELON, LUCILE, CÉLIMÈNE, MASCARILLE, JODELET, MAROTTE, VIOLONS.

MADELON.

Que veut donc dire ceci?

JODELET.

C'est une gageure.

CATHOS.

Quoi! vous laisser battre de la sorte!

MASCARILLE.

Mon Dieu! je n'ai pas voulu faire semblant de rien, car je suis violent, et je me serais emporté.

MADELON.

Endurer un affront comme celui-là en notre présence.

MASCARILLE.

Ce n'est rien, ne laissons pas d'achever. Nous nous connaissons il y a longtemps, et entre amis on ne va pas se piquer pour si peu de chose.

SCENE XVI.

DU CROISY, LA GRANGE, MADELON, CATHOS, CÉLIMENE, LUCILE, MASCARILLE, JODELET, MAROTTE, VIOLONS.

LA GRANGE.

Ma foi, marauds, vous ne vous rirez pas de nous, je vous promets. Entrez, vous autres.

(*Trois ou quatre spadassins entrent.*)

SCÈNE XVI.

MADELON.

Quelle est donc cette audace de venir nous troubler de la sorte dans notre maison?

DU CROISY.

Comment, mesdames! nous endurerons que nos laquais soient mieux reçus que nous, qu'ils viennent vous faire l'amour à nos dépens et vous donnent le bal?

MADELON.

Vos laquais?

LA GRANGE.

Oui, nos laquais; et cela n'est ni beau ni honnête de nous les débaucher comme vous faites.

MADELON.

O ciel! quelle insolence!

LA GRANGE.

Mais ils n'auront pas l'avantage de se servir de nos habits pour vous donner dans la vue; et si vous les voulez aimer, ce sera, ma foi, pour leurs beaux yeux. Vite, qu'on les dépouille sur le champ.

JODELET.

Adieu notre braverie.

MASCARILLE.

Voilà le marquisat et la vicomté à bas.

DU CROISY.

Ah! ah! coquins, vous avez l'audace d'aller sur nos brisees! Vous irez chercher autre part de quoi vous rendre agréables aux yeux de vos belles, je vous en assure.

LA GRANGE.

C'est trop de nous supplanter, et de nous supplanter avec nos propres habits.

MASCARILLE.

O fortune, quelle est ton inconstance!

DU CROISY.

Vite qu'on leur ôte jusqu'à la moindre chose.

LA GRANGE.

Qu'on emporte toutes ces hardes, dépêchez. Maintenant, mesdames, en l'état qu'ils sont, vous pouvez continuer vos amours avec eux tant qu'il vous plaira nous vous laisserons toute sorte de liberté pour cela et nous vous protestons, monsieur et moi, que nous n'en serons aucunement jaloux.

SCENE XVII.

MADELON, CATHOS, JODELET, MASCARILLE, VIOLONS.

CATHOS.

Ah ! quelle confusion !

MADELON.

Je crève de dépit.

UN DES VIOLONS à *Mascarille*.

Qu'est-ce donc que ceci ? Qui nous paiera, nous autres ?

MASCARILLE.

Demandez à M. le vicomte.

UN DES VIOLONS, *à Jodelet*.

Qui est-ce qui nous donnera de l'argent ?

JODELET.

Demandez à M. le marquis.

SCENE XVIII.

GORGIBUS, MADELON, CATHOS, JODELET, MASCARILLE, VIOLONS.

GORGIBUS.

Ah ! coquines que vous êtes, vous nous mettez dans de beaux draps blancs, à ce que je vois ! je viens d'apprendre de belles affaires, vraiment, de ces messieurs qui sortent !

MADELON.

Ah ! mon père, c'est une pièce sanglante qu'ils nous ont faite.

GORGIBUS.

Oui, c'est une pièce sanglante, mais qui est un effet de votre impertinence, infâmes. Ils se sont ressentis du traitement que vous leur avez fait ; et cependant, malheureux que je suis, il faut que je boive l'affront.

MADELON.

Ah ! je jure que nous en serons vengées, ou que je mourrai en la peine. Et vous marauds, osez-vous vous tenir ici après votre insolence ?

MASCARILLE.

Traiter comme cela un marquis ! Voilà ce que c'est que du monde ; la moindre disgrace nous fait mépriser de ceux qui nous chérissaient. Allons, camarade, allons chercher fortune autre part ; je vois bien qu'on n'aime ici que la vaine apparence, et qu'on n'y considère point la vertu toute nue.

SCENE XIX.
GORGIBUS, MADELON, CATHOS, violons.

UN DES VIOLONS.

Monsieur, nous entendons que vous nous contentiez à leur défaut, pour ce que nous avons joué ici.

GORGIBUS, *les battant.*

Oui, oui, je vous vais contenter, et voici la monnaie dont je vous veux payer. Et vous, pendardes, je ne sais qui me tient que je ne vous en fasse autant. Nous allons servir de fable et de risée à tout le monde, et voilà ce que vous vous êtes attiré par vos extravagances. Allez vous cacher, vilaines ; allez vous cacher pour jamais (*Seul.*) Et vous, qui êtes cause de leur folie, sottes billevesées, pernicieux amusements des esprits oisifs, romans, vers, chansons, sonnets et sonnettes, puissiez-vous être à tous les diables !

FIN DES PRÉCIEUSES RIDICULES.

SGANARELLE,

ou

LE COCU IMAGINAIRE,

COMÉDIE EN UN ACTE.

1660

PERSONNAGES.

Gorgibus, bourgeois.
Célie, fille de Gorgibus.
Lélie, amant de Célie.
Gros-René, valet de Lélie.
Sganarelle, bourgeois, et cocu imaginaire.
La femme de Sganarelle.
Villebrequin, père de Valère.
La suivante de Célie.
Un parent de la femme de Sganarelle.

La scène est dans une place publique

SGANARELLE,

ou

LE COCU IMAGINAIRE.

ACTE PREMIER.

SCÈNE PREMIÈRE.

GORCIBUS, CELIE, LA SUIVANTE DE CÉLIE.

CÉLIE, *sortant tout éplorée et son père la suivant.*
Ah ! n'espérez jamais que mon cœur y consente.
GORGIBUS.
Que marmottez-vous la, petite impertinente ?
Vous prétendez choquer ce que j'ai résolu ?
Je n'aurai pas sur vous un pouvoir absolu ?
Et, par sottes raisons, votre jeune cervelle
Voudrait régler ici la raison paternelle ?
Qui de nous deux à l'autre a droit de faire loi ?
A votre avis, qui mieux, ou de vous, ou de moi,
O sotte, peut juger ce qui vous est utile?
Par la corbleu ! gardez d'échauffer trop ma bile ;
Vous pourriez éprouver, sans beaucoup de longueur,
Si mon bras sait encor montrer quelque vigueur.
Votre plus court sera, madame la mutine,
D'accepter sans façon l'époux qu'on vous destine.
J'ignore, dites-vous, de quelle humeur il est
Et dois auparavant consulter s'il vous plaît
Informé du grand bien qui lui tombe en partage.
Dois-je prendre le soin d'en savoir davantage,

Et cet époux, ayant vingt mille bons ducats
Pour être aimé de vous doit-il manquer d'appas?
Allez, tel qu'il puisse être avecque cette somme
Je vous suis caution qu'il est très honnête homme.

CÉLIE.

Hélas!

GORGIBUS.

Hé bien hélas! Que veut dire ceci?
Voyez le bel hélas qu'elle nous donne ici!
Hé!... Que si la colère une fois me transporte,
Je vous ferai chanter hélas de belle sorte.
Voila, voilà le fruit de ces empressements
Qu'on vous voit nuit et jour à lire vos romans;
De quolibets d'amour votre tête est remplie,
Et vous parlez de Dieu bien moins que de Clélie
Jetez-moi dans le feu tous ces méchants écrits
Qui gâtent tous les jours tant de jeunes esprits;
Lisez-moi, comme il faut, au lieu de ces sornettes,
Les Quatrains de Pibrac, et les doctes Tablettes
Du conseiller Matthieu; l'ouvrage est de valeur,
Et plein de beaux dictons à réciter par cœur.
La Guide des Pécheurs est encore un bon livre:
C'est là qu'en peu de temps on apprend à bien vivre;
Et si vous n'aviez lu que ces moralités,
Vous sauriez un peu mieux suivre mes volontés.

CÉLIE.

Quoi! vous prétendez donc, mon père, que j'oublie
La constante amitié que je dois à Lélie?
J'aurais tort, si sans vous je disposais de moi;
Mais vous-même à ses vœux engageâtes ma foi.

GORGIBUS.

Lui fût-elle engagée encore davantage,
Un autre est survenu dont le bien l'en dégage.
Lelie est fort bien fait; mais apprends qu'il n'est rien
Qui ne doive céder au soin d'avoir du bien,
Que l'or donne aux plus laids certain charme pour
Et que sans lui le reste est une triste affaire.   [plaire
Valère, je crois bien, n'est pas de toi chéri;
Mais s'il ne l'est amant, il le sera mari

Plus que l'on ne le croit, ce nom d'époux engage,
Et l'amour est souvent le fruit du mariage.
Mais suis-je pas bien fat de vouloir raisonner,
Où de droit absolu j'ai pouvoir d'ordonner?
Trêve donc, je vous prie, à vos impertinences.
Que je n'entende plus vos sottes doléances.
Ce gendre doit venir vous visiter ce soir,
Manquez un peu, manquez à le bien recevoir :
Si je ne vous lui vois faire un fort bon visage,
Je vous... Je ne veux pas en dire davantage.

SCENE II.
CÉLIE, LA SUIVANTE DE CÉLIE.

LA SUIVANTE.

Quoi! refuser, madame, avec cette rigueur,
Ce que tant d'autres gens voudraient de tout leur cœur!
A des offres d'hymen repondre par des larmes,
Et tarder tant à dire un oui si plein de charmes!
Hélas! que ne veut-on aussi me marier!
Ce ne serait pas moi qui se ferait prier;
Et, loin qu'un pareil oui me donnât de la peine,
Croyez que j'en dirais bien vite une douzaine.
Le précepteur qui fait répéter la leçon
A votre jeune frère, a fort bonne raison
Lorsque, nous discourant des choses de la terre,
Il dit que la femelle est ainsi que le lierre,
Qui croît beau, tant qu'à l'arbre il se tient bien serré,
Et ne profite point s'il en est séparé.
Il n'est rien de plus vrai, ma très chère maîtresse,
Et je l'éprouve en moi, chétive pécheresse!
Le bon Dieu fasse paix à mon pauvre Martin,
Mais j'avais, lui vivant, le teint d'un chérubin,
L'embonpoint merveilleux, l'œil gai, l'ame contente,
Et je suis maintenant ma commère dolente.
Pendant cet heureux temps, passé comme un éclair,
Je me couchais sans feu dans le fort de l'hiver;
Sécher même les draps me semblait ridicule :
Et je tremble à présent dedans la canicule.
Enfin, il n'est rien tel, madame, croyez-moi,
Que d'avoir un mari la nuit auprès de soi.

Ne fût-ce que pour l'heur d'avoir qui vous salue
D'un : Dieu vous soit en aide, alors qu'on éternue.
CÉLIE.
Peux-tu me conseiller de commettre un forfait?
D'abandonner Lélie et prendre ce mal fait?
LA SUIVANTE.
Votre Lélie aussi n'est, ma foi, qu'une bête,
Puisque si hors de temps son voyage l'arrête;
Et la grande longueur de son éloignement
Me le fait soupçonner de quelque changement.
CÉLIE, *lui montrant le portrait de Lélie.*
Ah! ne m'accable point par ce triste présage.
Vois attentivement les traits de ce visage,
Ils jurent à mon cœur d'éternelles ardeurs :
Je veux croire, après tout, qu'ils ne sont pas menteurs,
Et que, comme c'est lui que l'art y représente,
Il conserve à mes feux une amitié constante.
LA SUIVANTE.
Il est vrai que ces traits marquent un digne amant,
Et que vous avez lieu de l'aimer tendrement.
CÉLIE.
Et cependant il faut... Ah! soutiens-moi.
(*Elle laisse tomber le portrait de Lélie.*)
LA SUIVANTE.

Madame,
D'où vous pourrait venir... Ah! bons Dieux! elle se
Hé! vite, holà! quelqu'un!   [pâme!

SCENE III.

CÉLIE, SGANARELLE, LA SUIVANTE DE CÉLIE.

SGANARELLE.

Qu'est-ce donc? me voilà.
LA SUIVANTE.
Ma maîtresse se meurt.
SGANARELLE.

Quoi! n'est-ce que cela?
Je croyais tout perdu de crier de la sorte;
Mais approchons pourtant. Madame, êtes-vous morte
Ouais! Elle ne dit mot.

LA SUIVANTE.
Je vais faire venir
Quelqu'un pour l'emporter, veuillez la soutenir.

SCÈNE IV.

CÉLIE, SGANARELLE, LA FEMME DE SGANARELLE.

SGANARELLE, *en passant la main sur le sein de Célie.*
Elle est froide partout, et je ne sais qu'en dire.
Approchons-nous pour voir si sa bouche respire.
Ma foi ! je ne sais pas ; mais j'y trouve encor, moi,
Quelque signe de vie.
LA FEMME DE SGANARELLE, *regardant par la fenêtre.*
Ah ! qu'est-ce que je vois ?
Mon mari dans ses bras !... Mais je m'en vais descendre :
Il me trahit, sans doute, et je veux le surprendre.
SGANARELLE.
Il faut se dépêcher de l'aller secourir ;
Certes, elle aurait tort de se laisser mourir.
Aller en l'autre monde est très grande sottise,
Tant que dans celui-ci l'on peut être de mise.

(*il la porte chez elle avec un homme que la suivante amène.*)

SCÈNE V.

LA FEMME DE SGANARELLE, *seule.*

Il s'est subitement éloigné de ces lieux,
Et sa fuite a trompé mon désir curieux :
Mais de sa trahison je ne fais plus de doute,
Et le peu que j'ai vu me la découvre toute.
Je ne m'étonne plus de l'étrange froideur
Dont je le vois répondre à ma pudique ardeur,
Il réserve, l'ingrat, ses caresses à d'autres,
Et nourrit leurs plaisirs par le jeûne des nôtres.
Voilà de nos maris le procédé commun ;
Ce qui leur est permis, leur devient importun.
Dans les commencements ce sont toutes merveilles ;
Ils témoignent pour nous des ardeurs nom pareilles ;
Mais les traîtres bientôt se lassent de nos feux,
Et portent autre part ce qu'ils doivent chez eux.

Ah! que j'ai de dépit que la loi n'autorise
A changer de mari comme on fait de chemise!
Cela serait commode; et j'en sais telle ici
Qui, comme moi, ma foi, le voudrait bien aussi.
(*En ramassant le portrait que Célie avait laissé tomber.*)
Mais quel est ce bijou que le sort me présente?
L'émail en est fort beau, la gravure charmante.
Ouvrons.

SCÈNE VI.

SGANARELLE, LA FEMME DE SGANARELLE.

SGANARELLE, *se croyant seul.*

On la croyait morte, et ce n'était rien.
Il n'en faut plus qu'autant, elle se porte bien.
Mais j'aperçois ma femme.

LA FEMME DE SGANARELLE *se croyant seule.*

O ciel! c'est miniature!
Et voilà d'un bel homme une vive peinture!

SGANARELLE, *à part et regardant par dessus l'épaule de sa femme.*

Que considère-t-elle avec attention?
Ce portrait, mon honneur, ne nous dit rien de bon.
D'un fort vilain soupçon je me sens l'âme émue.

LA FEMME DE SGANARELLE, *sans apercevoir son mari.*

Jamais rien de plus beau ne s'offrit à ma vue;
Le travail plus que l'or s'en doit encor priser.
Oh! que cela sent bon!

SGANARELLE, *à part.*

Quoi! peste, le baiser!
Ah! j'en tiens!

LA FEMME DE SGANARELLE, *poursuit.*

Avouons qu'on doit être ravie
Quand d'un homme ainsi fait on se peut voir servie,
Et que, s'il en contait avec attention,
Le penchant serait grand à la tentation.
Ah! que n'ai-je un mari d'une aussi bonne mine!
Au lieu de mon pelé, de mon rustre...

SGANARELLE, *lui arrachant le portrait.*

Ah! mâtine!

Nous vous y surprenons en faute contre nous,
Et diffamant l'honneur de votre cher époux.
Donc, à votre calcul, ô ma trop digne dame,
Monsieur, tout bien compté, ne vaut pas bien ma femme !
Et, de par Belzébut, qui vous puisse emporter !
Quel plus rare parti pourriez-vous souhaiter ?
Peut-on trouver en moi quelque chose à redire ?
Cette taille, ce port, que tout le monde admire,
Ce visage si propre à donner de l'amour,
Pour qui mille beautés soupirent nuit et jour ;
Bref, en tout et partout ma personne charmante
N'est donc pas un morceau dont vous soyez contente ?
Et, pour rassasier votre appétit gourmand,
Il faut joindre au mari le ragoût d'un galant ?

LA FEMME DE SGANARELLE.

J'entends à demi-mot où va la raillerie.
Tu crois par ce moyen...

SGANARELLE.

A d'autres, je vous prie :
La chose est avérée, et je tiens dans mes mains
Un bon certificat du mal dont je me plains.

LA FEMME DE SGANARELLE.

Mon courroux n'a déjà que trop de violence,
Sans le charger encor d'une nouvelle offense.
Ecoute, ne crois pas retenir mon bijou,
Et songe un peu...

SGANARELLE.

Je songe à te rompre le cou.
Que ne puis-je, aussi bien que je tiens la copie,
Tenir l'original !

LA FEMME DE SGANARELLE.

Pourquoi ?

SGANARELLE.

Pour rien, ma mie.
Doux objet de mes vœux, j'ai grand tort de crier,
Et mon front de vos dons vous doit remercier.

(*Regardant le portrait de Lélie.*)

Le voilà ! le beau fils, le mignon de couchette !
Le malheureux tison de la flamme secrète,
Le drôle avec lequel...

LA FEMME DE SGANARELLE.
            Avec lequel ? Poursui...
    SGANARELLE.
Avec lequel, te dis-je... et j'en crève d'ennui.
    LA FEMME DE SGANARELLE.
Que me veut donc compter par-là ce maître ivrogne
    SGANARELLE.
Tu ne m'entends que trop, madame la carogne.
Sganarelle est un nom qu'on ne me dira plus,
Et l'on va m'appeler seigneur Cornelius.
J'en suis pour mon honneur ; mais à toi, qui me l'ôtes
Je t'en ferai du moins pour un bras et deux côtes.
    LA FEMME DE SGANARELLE.
Et tu m'oses tenir de semblables discours ?
    SGANARELLE.
Et tu m'oses jouer de ces diables de tours ?
    LA FEMME DE SGANARELLE.
Et quels diables de tours ? Parle donc sans rien feindre
    SGANARELLE.
Ah ! cela ne vaut pas la peine de se plaindre !
D'un panache de cerf sur le front me pourvoir :
Hélas ! voilà vraiment un beau venez-y voir !
    LA FEMME DE SGANARELLE.
Donc, après m'avoir fait la plus sensible offense
Qui puisse d'une femme exciter la vengeance,
Tu prends d'un feint courroux le vain amusement
Pour prévenir l'effet de mon ressentiment ?
D'un pareil procédé l'insolence est nouvelle !
Celui qui fait l'offense, est celui qui querelle.
    SGANARELLE.
Hé ! la bonne effrontée ! A voir ce fier maintien,
Ne la croirait-on pas une femme de bien ?
    LA FEMME DE SGANARELLE.
Va, poursuis ton chemin, cajole tes maîtresses.
Adresse-leur tes vœux, et fais-leur des caresses :
Mais rends-moi mon portrait sans te jouer de moi.
    (*Elle lui arrache le portrait, et s'enfuit.*)
    SGANARELLE, *courant après elle.*
Oui, tu crois m'échapper ; je l'aurai malgré toi.

SCENE VII.
LÉLIE, GROS-RENÉ.

GROS-RENÉ.

Enfin nous y voici. Mais, monsieur, si je l'ose,
Je voudrais vous prier de me dire une chose.

LÉLIE.

Eh bien! parle.

GROS-RENÉ.

Avez-vous le diable dans le corps
Pour ne point succomber à de pareils efforts?
Depuis huit jours entiers avec vos longues traites
Nous sommes à piquer des chiennes de mazettes,
De qui le train maudit nous a tant secoués,
Que je m'en sens pour moi tous les membres roués;
Sans préjudice encor d'un accident bien pire,
Qui m'afflige un endroit que je ne veux pas dire :
Cependant arrivé, vous sortez bien et beau,
Sans prendre de repos ni manger un morceau.

LÉLIE.

Ce grand empressement n'est pas digne de blâme;
De l'hymen de Célie on alarme mon ame :
Tu sais que je l'adore; et je veux être instruit,
Avant tout autre soin, de ce funeste bruit.

GROS-RENÉ.

Oui : mais un bon repas vous serait nécessaire,
Pour s'aller éclaircir, monsieur, de cette affaire;
Et votre cœur, sans doute, en deviendrait plus fort
Pour pouvoir résister aux attaques du sort,
J'en juge par moi-même; et la moindre disgrace,
Lorsque je suis à jeun, me saisit, me terrasse :
Mais quand j'ai bien mangé, mon ame est ferme à tout
Et les plus grands revers n'en viendraient pas à bout.
Croyez-moi, bourrez-vous, et sans réserve aucune,
Contre les coups que peut vous porter la fortune;
Et, pour fermer chez vous l'entrée à la douleur,
De vingt verres de vin entourez votre cœur.

LÉLIE.

Je ne saurais manger.

GROS-RENÉ, *bas, à part.*

Si ferai bien, je meure.

(*haut.*)
Votre dîné pourtant serait prêt tout-à-l'heure.

LÉLIE.

Tais-toi, je te l'ordonne.

GROS-RENÉ.

Ah! quel ordre inhumain!

LÉLIE.

J'ai de l'inquiétude, et non pas de la faim.

GROS-RENÉ.

Et moi, j'ai de la faim, et de l'inquiétude
De voir qu'un sot amour fait toute votre étude.

LÉLIE.

Laisse-moi m'informer de l'objet de mes vœux,
Et, sans m'importuner, va manger si tu veux.

GROS-RENÉ.

Je ne réplique point à ce qu'un maître ordonne.

SCENE VIII.

LÉLIE, *seul.*

Non, non, à trop de peur mon ame s'abandonne,
Le père m'a promis, et la fille a fait voir
Des preuves d'un amour qui soutient mon espoir.

SCENE IX.

SGANARELLE, LELIE.

SGANARELLE, *sans voir Lélie, et tenant dans ses mains le portrait.*

Nous l'avons, et je puis voir à l'aise la trogne
Du malheureux pendard qui cause ma vergogne;
Il ne m'est point connu.

LELIE, *à part.*

Dieux! qu'aperçois-je ici?
Et, si c'est mon portrait, que dois-je croire aussi?

SGANARELLE, *sans voir Lélie.*

Ah! pauvre Sganarelle, à quelle destinée
Ta réputation est-elle condamnée!

SCENE IX.

Faut...
  (*Apercevant Lélie qui le regarde, il se tourne
      de l'autre côté.*)
  LELIE, *à part.*
Ce gage ne peut, sans alarmer ma foi,
Etre sorti des mains qui le tenaient de moi.
  SGANARELLE, *à part.*
Faut-il que désormais à deux doigts l'on te montre,
Qu'on te mette en chansons, et qu'en toute rencontre,
On te rejette au nez le scandaleux affront
Qu'une femme mal née imprime sur ton front?
  LELIE, *à part.*
Me trompè-je?
  SGANARELLE, *à part.*
      Ah! truande! as-tu bien le courage
De m'avoir fait cocu dans la fleur de mon âge?
Et femme d'un mari qui peut passer pour beau,
Faut-il qu'un marmouset, un maudit étourneau...
  LELIE, *à part, et regardant encore le portrait que
      tient Sganarelle.*
Je ne m'abuse point; c'est mon portrait lui-même.
  SGANARELLE, *lui tourne le dos.*
Cet homme est curieux.
  LELIE, *à part.*
      Ma surprise est extrême.
  SGANARELLE, *à part.*
A qui donc en a-t-il?
  LELIE, *à part.*
      Je le veux acoster.
(*haut.*)   (*Sganarelle veut s'éloigner.*)
Puis-je...? Hé! de grace, un mot.
  SGANARELLE, *à part, s'éloignant encore.*
      Que me veut-il conter?
  LELIE.
Puis-je obtenir de vous de savoir l'aventure
Qui fait dedans vos mains trouver cette peinture?
  SGANARELLE, *à part.*
D'où lui vient ce desir? Mais je m'avise ici...
  (*Il examine Lélie, et le portrait qu'il tient.*)
Ah! ma foi! me voilà de son trouble éclairci!

SGANARELLE.
Sa surprise à présent n'étonne plus mon ame;
C'est mon homme, ou plutôt c'est celui de ma femme.
LELIE.
Retirez-moi de peine, et dites d'où vous vient...
SGANARELLE.
Nous savons, Dieu merci, le souci qui vous tient;
Ce portrait qui vous fâche est votre ressemblance:
Il était en des mains de votre connaissance;
Et ce n'est pas un fait qui soit secret pour nous
Que les douces ardeurs de la dame et de vous.
Je ne sais pas si j'ai, dans sa galanterie,
L'honneur d'être connu de votre seigneurie:
Mais faites-moi celui de cesser désormais
Un amour qu'un mari peut trouver fort mauvais;
Et songez que les nœuds sacrés du mariage..
LELIE.
Quoi! celle, dites-vous, dont vous tenez ce gage...
SGANARELLE.
Est ma femme, et je suis son mari.
LELIE.
       Son mari?
SGANARELLE.
Oui, son mari, vous dis-je, et mari très-marri;
Vous en savez la cause, et je m'en vais l'apprendre
Sur l'heure à ses parents.

SCENE X.

LELIE, seul.

      Ah! que viens-je d'entendre!
On me l'avait bien dit, et que c'était de tous
L'homme le plus mal fait qu'elle avait pour époux.
Ah! quand mille serments de ta bouche infidèle
Ne m'auraient pas promis une flamme éternelle,
Le seul mépris d'un choix si bas et si honteux
Devait bien soutenir l'intérêt de mes feux,
Ingrate! et quelque bien... Mais ce sensible outrage,
Se mêlant aux travaux d'un assez long voyage,
Me donne tout à coup un choc si violent, [lant.
Que mon cœur devient faible, et mon corps chance-

SCENE XI.
LELIE, LA FEMME DE SGANARELLE.
LA FEMME DE SGANARELLE, *se croyant seule.*
(apercevant Lélie.)
Malgré moi, mon perfide. Hélas quel mal vous presse?
Je vous vois prêt, monsieur, a tomber en faiblesse.
LÉLIE.
C'est un mal qui m'a pris assez subitement.
LA FEMME DE SGANARELLE.
Je crains ici pour vous l'evanouissement;
Entrez dans cette salle, en attendant qu'il passe.
LELIE.
Pour un moment ou deux j'acceptte cette grace.

SCENE XII.
SGANARELLE, UN PARENT DE LA FEMME DE SGANARELLE.
LE PARENT.
D'un mari sur ce point j'approuve le souci :
Mais c'est prendre la chèvre un peu bien vite aussi ;
Et tout ce que de vous je viens d'ouïr contre elle,
Ne conclut point, parent, qu'elle soit criminelle :
C'est un point delicat ; et de pareils forfaits,
Sans les bien avérer ne s'imputent jamais.
SGANARELLE.
C'est à dire qu'il faut toucher au doigt la chose.
LE PARENT.
Le trop de promptitude à l'erreur nous expose.
Qui sait comme en ses mains ce portrait est venu,
Et si l'homme, après tout, lui peut être connu ?
Informez-vous-en donc ; et, si c'est ce qu'on pense,
Nous serons les premiers à punir son offense.

SCENE XIII.
SGANARELLE, *seul.*
On ne peut pas mieux dire ; en effet, il est bon
D'aller tout doucement. Peut-être, sans raison,
Me suis-je en tête mis ces visions cornues,
Et les sueurs au front m'en sont trop tôt venues.

Par ce portrait enfin dont je suis alarmé,
Mon déshonneur n'est pas tout à fait confirmé.
Tâchons donc par nos soins...

SCENE XIV.

SGANARELLE, LA FEMME DE SGANARELLE, *sur la porte de sa maison, reconduisant Lélie;* LELIE.

SGANARELLE, *à part les voyant.*

Ah! que vois-je? Je meure!
Il n'est plus question de portrait à cette heure;
Voici, ma foi, la chose en propre original.

LA FEMME DE SGANARELLE.

C'est par trop vous hater, monsieur, et votre mal,
Si vous sortez sitôt, pourra bien vous reprendre.

LELIE.

Non, non, je vous rends grace, autant qu'on puisse rendre
De l'obligeant secours que vous m'avez prêté.

SGANARELLE, *à part.*

La masque encore après lui fait civilité!
(*La femme de Sganarelle rentre dans sa maison.*)

SCENE XV.

SGANARELLE, LÉLIE.

SGANARELLE, *à part.*

Il m'aperçoit; voyons ce qu'il me pourra dire.

LELIE, *à part.*

Ah! mon ame s'émeut, et cet objet m'inspire...
Mais je dois condamner cet injuste transport,
Et n'imputer mes maux qu'aux rigueurs de mon sort.
Envions seulement le bonheur de sa flamme.
(*en s'approchant de Sganarelle.*)
O trop heureux d'avoir une si belle femme!

SCENE XVI.

SGANARELLE, CÉLIE, *à sa fenêtre, voyant Lélie qui s'en va.*

SGANARELLE, *seul.*

Ce n'est point s'expliquer en termes ambigus.
Cet étrange propos me rend aussi confus

SCÈNE XVI.

Que s'il m'était venu des cornes à la tête!
(*Regardant le côté par où Lélie est sorti.*)
Allez, ce procédé n'est point du tout honnête.

CÉLIE, *à part, en entrant.*

Quoi! Lélie a paru tout à l'heure a mes yeux!
Qui pourrait me cacher son retour en ces lieux?

SGANARELLE, *sans voir Célie.*

Oh! trop heureux d'avoir une si belle femme!
Malheureux bien plutôt de l'avoir, cette infame!
Dont le coupable feu, trop bien vérifié,
Sans respect ni demi nous a cocufié!
Mais je le laisse aller après un tel indice,
Et demeure les bras croisés comme un Jocrisse!
Ah! je devais du moins lui jeter son chapeau,
Lui ruer quelque pierre, ou crotter son manteau,
Et sur lui hautement, pour contenter ma rage,
Faire au larron d'honneur crier le voisinage.

(*Pendant le discours de Sganarelle, Célie s'approche peu à peu, et attend, pour lui parler, que son transport soit fini.*)

CÉLIE, *à Sganarelle.*

Celui qui maintenant devers vous est venu,
Et qui vous a parlé, d'où vous est-il connu?

SGANARELLE.

Hélas! ce n'est pas moi qui le connais, madame;
C'est ma femme.

CÉLIE.

Quel trouble agite ainsi votre ame?

SGANARELLE.

Ne me condamnez point d'un deuil hors de saison,
Et laissez-moi pousser des soupirs à foison.

CÉLIE.

D'où vous peuvent venir ces douleurs non communes?

SGANARELLE.

Si je suis affligé, ce n'est pas pour des prunes;
Et je le donnerais à bien d'autres qu'à moi
De se voir sans chagrin au point où je me voi.
Des maris malheureux vous voyez le modèle:
On dérobe l'honneur au pauvre Sganarelle:

Mais c'est peu que l'honneur dans mon affliction;
L'on me dérobe encor la réputation.

CELIE.

Comment?

SGANARELLE.

Ce damoiseau, parlant par révérence,
Me fait cocu, madame, avec toute licence;
Et j'ai su par mes yeux avérer aujourd'hui
Le commerce secret de ma femme et de lui.

CELIE.

Celui qui maintenant...

SGANARELLE.

Oui, oui, me déshonore;
Il adore ma femme, et ma femme l'adore.

CELIE.

Ah! j'avais bien jugé que ce secret retour
Ne pouvait me couvrir que quelque lâche tour;
Et j'ai tremblé d'abord, en le voyant paraître,
Par un pressentiment de ce qui devait être.

SGANARELLE.

Vous prenez ma défense avec trop de bonté,
Tout le monde n'a pas la même charité;
Et plusieurs qui tantôt ont appris mon martyre,
Bien loin d'y prendre part, n'en ont rien fait que rire.

CELIE.

Est-il rien de plus noir que ta lâche action?
Et peut-on lui trouver une punition?
Dois-tu ne te pas croire indigne de la vie,
Après l'être souillé de cette perfidie?
O ciel! est-il possible?

SGANARELLE.

Il est trop vrai pour moi.

CELIE.

Ah! traître! scélérat, ame double et sans foi!

SGANARELLE.

La bonne ame!

CELIE.

Non, non, l'enfer n'a point de gêne
Qui ne soit pour ton crime une trop douce peine.

SCENE XVII.

SGANARELLE.

Que voilà bien parler !

CELIE.

Avoir ainsi traité
Et la même innocence et la même bonté.

SGANARELLE, *soupire haut.*

Hai!

CELIE.

Un cœur qui jamais n'a fait la moindre chose
A mériter l'affront où ton mépris l'expose!

SGANARELLE.

Il est vrai.

CELIE.

Qui bien loin... Mais c'est trop, et ce cœur
Ne saurait y songer sans mourir de douleur.

SGANARELLE.

Ne vous fâchez pas tant, ma très chère madame;
Mon mal vous touche trop, et vous me percez l'ame.

CELIE.

Mais ne t'abuse pas jusqu'à te figurer
Qu'à des plaintes sans fruit j'en veuille demeurer :
Mon cœur, pour se venger, sait ce qu'il te faut faire;
Et j'y cours de ce pas, rien ne m'en peut distraire.

SCENE XVII.

SGANARELLE, *seul.*

Que le ciel la préserve à jamais de danger!
Voyez quelle bonté de vouloir me venger!
En effet, son courroux, qu'excite ma disgrace,
M'enseigne hautement ce qu'il faut que je fasse;
Et l'on ne doit jamais souffrir, sans dire mot,
De semblables affronts, à moins qu'être un vrai sot.
Courons donc le chercher, ce pendard qui m'affronte;
Montrons notre courage à venger notre honte.
Vous apprendrez, maroufle, à rire à nos dépens,
Et, sans aucun respect, faire cocus les gens.

(*Il revient après avoir fait quelques pas.*)

Doucement, s'il vous plaît, cet homme a bien la mine
D'avoir le sang bouillant et l'ame un peu mutine;

Il pourrait bien, mettant affront dessus affront,
Charger de bois mon dos, comme il a fait mon front.
Je hais de tout mon cœur les esprits colériques,
Et porte grand amour aux hommes pacifiques;
Je ne suis point battant, de peur d'être battu,
Et l'humeur débonnaire est ma grande vertu.
Mais mon honneur me dit que d'une telle offense
Il faut absolument que je prenne vengeance:
Ma foi! laissons-le dire autant qu'il lui plaira,
Au diantre qui pourtant rien du tout en fera! [peine,
Quand j'aurai fait le brave, et qu'un fer, pour ma
M'aura d'un vilain coup transpercé la bedaine,
Que par la ville ira le bruit de mon trépas?
Dites-moi, mon honneur, en serez vous plus gras?
La bière est un séjour par trop mélancolique,
Et trop malsain pour ceux qui craignent la colique.
Et quant à moi, je trouve, ayant tout compassé,
Qu'il vaut mieux être encor cocu que trépassé,
Quel mal cela fait-il? La jambe en devient-elle
Plus tortue, après tout, et la taille moins belle?
Peste soit qui premier trouva l'invention
De s'affliger l'esprit de cette vision,
Et d'attacher l'honneur de l'homme le plus sage
Aux choses que peut faire une femme volage!
Puisqu'on tient, à bon droit, tout crime personnel,
Que fait là notre honneur pour être criminel?
Des actions d'autrui on nous donne le blame:
Si nos femmes sans nous font un commerce infame,
Il faut que tout le mal tombe sur notre dos!
Elles font la sottise, et nous sommes les sots.
C'est un vilain abus, et les gens de police
Nous devraient bien régler une telle injustice.
N'avons-nous pas assez des autres accidents
Qui nous viennent happer en dépit de nos dents?
Les querelles, procès, faim, soif et maladie,
Troublent-ils pas assez le repos de la vie,
Sans s'aller, de surcroît, aviser sottement
De se faire un chagrin qui n'a nul fondement?
Moquons-nous de cela, méprisons les alarmes,
Et mettons sous nos pieds les soupirs et les larmes.

Si ma femme a failli, qu'elle pleure bien fort;
Mais pourquoi, moi, pleurer, puisque je n'ai point tort?
En tout cas, ce qui peut m'ôter ma fâcherie,
C'est que je ne suis pas seul de ma confrérie.
Voir cajoler sa femme, et n'en témoigner rien,
Se pratique aujourd'hui par force gens de bien.
N'allons donc point chercher à faire une querelle,
Pour un affront qui n'est que pure bagatelle.
L'on m'appellera sot de ne me venger pas,
Mais je le serais fort de courir au trepas.
(Mettant la main sur sa poitrine.)
Je me sens la pourtant remuer une bile
Qui veut me conseiller quelque action virile:
Oui, le courroux me prend; c'est être trop poltron :
Je veux resolument me venger du larron.
Déjà, pour commencer, dans l'ardeur qui m'enflamme,
Je vais dire partout qu'il couche avec ma femme.

SCENE XVIII.

GORGIBUS, CELIE, LA SUIVANTE DE CELIE.

CÉLIE.

Oui, je veux bien subir une si juste loi :
Mon père, disposez de mes vœux et de moi :
Faites, quand vous voudrez, signer cet hyménée :
A suivre mon devoir je suis déterminée;
Je prétends gourmander mes propres sentiments,
Et me soumettre en tout à vos commandements.

GORGIBUS.

Ah! voilà qui me plaît de parler de la sorte.
Parbleu! si grande joie a l'heure me transporte,
Que mes jambes sur l'heure en caprioleraient,
Si nous n'étions point vus de gens qui s'en riraient!
Approche-toi de moi; viens çà que je t'embrasse.
Une telle action n'a pas mauvaise grace;
Un père, quand il veut, peut sa fille baiser,
Sans que l'on ait sujet de s'en scandaliser.
Va, le contentement de te voir si bien née,
Me fera rajeunir de dix fois une année.

SCENE XIX.

CÉLIE, LA SUIVANTE DE CÉLIE.

LA SUIVANTE.

Ce changement m'étonne.

CÉLIE.

Et lorsque tu sauras
Par quels motifs j'agis, tu m'en estimeras.

LA SUIVANTE.

Cela pourrait bien être.

CÉLIE.

Apprends donc que Lélie
A pu blesser mon cœur par une perfidie;
Qu'il était en ces lieux sans.....

LA SUIVANTE.

Mais il vient à nous.

SCENE XX.

LÉLIE, CÉLIE, LA SUIVANTE DE CÉLIE.

LÉLIE.

Avant que pour jamais je m'éloigne de vous,
Je veux vous reprocher au moins en cette place.....

CÉLIE.

Quoi! me parler encore? avez-vous cette audace?

LÉLIE.

Il est vrai qu'elle est grande; et votre choix est tel,
Qu'à vous rien reprocher je serais criminel.
Vivez, vivez contente et bravez ma mémoire,
Avec le digne époux qui vous comble de gloire.

CÉLIE.

Oui, traître! j'y veux vivre; et mon plus grand désir,
Ce serait que ton cœur en eût du déplaisir.

LÉLIE.

Qui rend donc contre moi ce courroux légitime!

CÉLIE.

Quoi! tu fais le surpris et demandes ton crime?

SCENE XXI.

CÉLIE, LÉLIE, SGANARELLE, *armé de pied en cap*,
LA SUIVANTE DE CELIE.

SGANARELLE.

Guerre, guerre mortelle à ce larron d'honneur!
Qui, sans miséricorde, a souillé notre honneur.

CELIE, *à Lélie, lui montrant Sganarelle.*

Tourne, tourne les yeux, sans me faire répondre.

LÉLIE.

Ah! je vois...

CELIE.

Cet objet suffit pour te confondre.

LELIE.

Mais pour vous obliger bien plutôt à rougir.

SGANARELLE, *à part.*

Ma colère à présent est en état d'agir;
Dessus ses grands chevaux est monté mon courage;
Et si je le rencontre on verra du carnage.
Oui, j'ai juré sa mort; rien ne peut l'empêcher:
Où je le trouverai, je le veux dépêcher.
(*Tirant son épée à demi, il approche de Lélie.*)
Au beau milieu du cœur il faut que je lui donne...

LÉLIE, *se retournant.*

A qui donc en veut-on?

SGANARELLE.

Je n'en veux à personne.

LÉLIE.

Pourquoi ces armes-là?

SGANARELLE.

C'est un habillement
(*à part.*)
Que j'ai pris pour la pluie. Ah! quel contentement
J'aurais a le tuer! Prenons-en le courage.

LÉLIE, *se retournant encore.*

Hai?

SGANARELLE.

Je ne parle pas.

(*à part, après s'être donné des soufflets pour s'exciter.*)
Ah! poltron, dont j'enrage,
Lâche! vrai cœur de poule!

CÉLIE, *à Lélie.*
Il t'en doit dire assez,
Cet objet dont tes yeux nous paraissent blessés.

LÉLIE.
Oui, je connais par là que vous êtes coupable
De l'infidélité la plus inexcusable,
Qui jamais d'un amant puisse outrager la foi.

SGANARELLE, *à part.*
Que n'ai-je un peu de cœur!

CÉLIE.
Ah! cesse devant moi,
Traître! de ce discours l'insolence cruelle!

SGANARELLE, *à part.*
Sganarelle, tu vois qu'elle prend ta querelle :
Courage, mon enfant, sois un peu vigoureux.
La, hardi! tâche à faire un effort généreux,
En le tuant, tandis qu'il tourne le derrière.

LÉLIE, *faisant deux ou trois pas sans dessein, fait retourner Sganarelle qui s'approchait pour le tuer.*
Puisqu'un pareil discours emeut votre colere;
Je dois de votre cœur me montrer satisfait,
Et l'applaudir ici du beau choix qu'il a fait.

CÉLIE.
Oui, oui, mon choix est tel qu'on n'y peut rien reprendre.

LÉLIE.
Allez, vous faites bien de le vouloir défendre.

SGANARELLE.
Sans doute, elle fait bien de défendre mes droits.
Cette action, monsieur, n'est point selon les lois :
J'ai raison de m'en plaindre; et si je n'étais sage,
On verrait arriver un étrange carnage.

LELIE.
D'où vous naît cette plainte? et quel chagrin brutal?...

SGANARELLE.
Suffit. Vous savez bien où le bât me fait mal :
Mais votre conscience et le soin de votre ame [femme;
Vous devraient mettre aux yeux que ma femme est ma

Et vouloir à, ma barbe, en faire votre bien,
Que ce n'est pas du tout agir en bon chretien.
LÉLIE.
Un semblable soupçon est bas et ridicule.
Allez, dessus ce point n'ayez aucun scrupule :
Je sais qu'elle est à vous ; et bien loin de brûler...
CÉLIE.
Ah! qu'ici tu sais bien, traître, dissimuler!
LÉLIE.
Quoi! me soupçonnez-vous d'avoir une pensée
De qui son ame ait lieu de se croire offensée?
De cette lâcheté voulez-vous me noircir?
CÉLIE.
Parle, parle à lui-même, il pourra t'éclaircir?
SGANARELLE, *à Célie.*
Vous me défendez mieux que je ne saurais faire;
Et du biais qu'il faut vous prenez cette affaire.

SCENE XXII.

CÉLIE, LELIE, SGANARELLE, LA FEMME DE SGANARELLE, LA SUIVANTE DE CELIE.

LA FEMME DE SGANARELLE.
Je ne suis point d'humeur à vouloir contre vous
Faire éclater, madame, un esprit trop jaloux;
Mais je ne suis point dupe, et vois ce qui se passe :
Il est de certains feux de fort mauvaise grace;
Et votre ame devrait prendre un meilleur emploi,
Que de séduire un cœur qui doit n'être qu'a moi.
CÉLIE.
La déclaration est assez ingénue.
SGANARELLE, *à sa femme.*
L'on ne demandait pas, carogne, ta venue.
Tu la viens quereller lorsqu'elle me défend,
Et tu trembles de peur qu'on t'ôte ton galant.
CÉLIE.
Allez, ne croyez pas que l'on en ait envie.
    (*Se tournant vers Lélie.*)
Tu vois si c'est mensonge ; et j'en suis fort ravie.

LÉLIE.

Que me veut-on conter?

LA SUIVANTE.

Ma foi, je ne sais pas
Quand on verra finir ce galimatias;
Déjà depuis long-temps je tâche à le comprendre,
Et si, plus je l'écoute, et moins je puis l'entendre.
Je vois bien à la fin que je m'en dois mêler.
(*Elle se met entre Lélie et sa maîtresse.*)
Répondez-moi par ordre, et me laisser parler.
(à *Lélie.*)
Vous, qu'est-ce qu'a son cœur peut reprocher le vôtre?

LÉLIE.

Que l'infidèle a pu me quitter pour un autre;
Que lorsque, sur le bruit de son hymen fatal,
J'accours tout transporté d'un amour sans egal,
Dont l'ardeur résistait à se croire oubliée,
Mon abord en ces lieux la trouve mariée.

LA SUIVANTE.

Mariée! à qui donc?

LÉLIE, *montrant Sganarelle.*

A lui.

LA SUIVANTE.

Comment! à lui?

CÉLIE.

Oui-dà!

LA SUIVANTE.

Qui vous l'a dit?

LÉLIE.

C'est lui-même, aujourd'hui.

LA SUIVANTE, *à Sganarelle.*

Est-il vrai?

SGANARELLE.

Moi? j'ai dit que c'était à ma femme
Que j'étais marié.

LÉLIE.

Dans un grand trouble d'ame,
Tantôt de mon portrait je vous ai vu saisi.

SGANARELLE.

Il est vrai, le voilà.

SCÈNE XXII.

LÉLIE, à *Sganarelle*.

Vous m'avez dit aussi
Que celle aux mains de qui vous aviez pris ce gage
Était liée à vous des nœuds du mariage.

SGANARELLE.

(*montrant sa femme.*)

Sans doute. Et je l'avais de ses mains arraché,
Et n'eusse pas sans lui découvert son péché.

LA FEMME DE SGANARELLE.

Que me viens-tu conter par ta plainte importune?
Je l'avais sous mes pieds rencontré par fortune;
Et même, quand, après ton injuste courroux,

(*montrant Lélie.*)

J'ai fait, dans sa faiblesse, entrer monsieur chez nous,
Je n'ai pas reconnu les traits de sa peinture.

CÉLIE.

C'est moi qui du portrait ai causé l'aventure;
Et je l'ai laissé choir en cette pamoison,

à *Sganarelle.*

Qui m'a fait par vos soins remettre à la maison.

LA SUIVANTE.

Vous voyez que, sans moi vous y seriez encore :
Et vous aviez besoin de mon peu d'ellébore.

SGANARELLE, *à part.*

Prendrons-nous tout ceci pour de l'argent comptant?
Mon front, l'a sur mon ame, eu bien chaude pourtant!

LA FEMME DE SGANARELLE.

Ma crainte toutefois n'est pas trop dissipée,
Et, doux que soit le mal, je crains d'être trompée.

SGANARELLE, *à sa femme.*

Hé! mutuellement, croyons-nous gens de bien;
Je risque plus du mien que tu ne fais du tien;
Accepte sans façon le marché qu'on propose.

LA FEMME DE SGANARELLE.

Soit. Mais gare le bois si j'apprends quelque chose!

CÉLIE, *à Lélie, après avoir parlé bas ensemble.*

Ah dieux! s'il est ainsi, qu'est-ce donc que j'ai fait?
Je dois de mon courroux appréhender l'effet.
Oui, vous croyant sans foi, j'ai pris pour ma vengeance
Le malheureux secours de mon obéissance,

Et, depuis un moment mon cœur vient d'accepter.
Un hymen que toujours j'eus lieu de rebuter..
J'ai promis à mon père; et ce qui me désole....
Mais je le vois venir.

LELIE.

Il me tiendra parole.

SCENE XXIII.

GORGIBUS, CÉLIE, LELIE, SGANARELLE, LA FEMME DE SGANARELLE, LA SUIVANTE DE CELIE.

LELIE.

Monsieur, vous me voyez en ces lieux de retour,
Brûlant des mêmes feux; et mon ardent amour
Verra, comme je crois, la promesse accomplie
Qui me donna l'espoir de l'hymen de Célie.

GORGIBUS.

Monsieur, que je revois en ces lieux de retour,
Brûlant des mêmes feux, et dont l'ardent amour
Verra, que vous croyez, la promesse accomplie
Qui vous donna l'espoir de l'hymen de Célie,
Très humble serviteur à votre seigneurie.

LELIE.

Quoi! monsieur, est-ce ainsi qu'on trahit mon espoir?

GORGIBUS.

Oui, monsieur, c'est ainsi que je fais mon devoir:
Ma fille en suit les lois.

CELIE.

Mon devoir m'intéresse,
Mon père, à dégager vers lui votre promesse.

GORGIBUS.

Est-ce répondre en fille à mes commandements?
Tu te démens bientôt de tes bons sentiments:
Pour Valère, tantôt. . Mais j'aperçois son père;
Il vient assurément pour conclure l'affaire.

SCENE XXIV.

VILLEBREQUIN, GORGIBUS, CELIE, LELIE, SGANARELLE, LA FEMME DE SGANARELLE, LA SUIVANTE DE CELIE.

GORGIBUS.

Qui vous amène ici, seigneur Villebrequin?

VILLEBREQUIN.

Un secret important que j'ai su ce matin,
Qui rompt abolument ma parole donnée.
Mon fils, dont votre fille acceptait l'hymenée,
Sous des liens cachés trompant les yeux de tous,
Vit depuis quatre mois avec Lise en époux;
Et, comme des parents le bien et la naissance
M'ôtent tout le pouvoir de casser l'alliance,
Je vous viens....

GORGIBUS.

Brisons là. Si, sans votre congé,
Valère votre fils ailleurs s'est engagé,
Je ne vous puis céler que ma fille Célie
Dès longtemps par moi-même est promise à Lélie
Et que, riche en vertu, son retour aujourd'hui
M'empêche d'agréer un autre époux que lui.

VILLEBREQUIN.

Un tel choix me plaît fort.

LELIE.

Et cette juste envie
D'un bonheur éternel va couronner ma vie....

GORGIBUS.

Allons choisir le jour pour se donner la foi.

SGANARELLE, *seul*.

A-t-on mieux cru jamais être cocu que moi?
Vous voyez qu'en ce fait la plus forte apparence
Peut jeter dans l'esprit une fausse créance.
De cet exemple-ci ressouvenez-vous bien;
Et quand vous verriez tout, ne croyez jamais rien.

Fin.

TABLE

DU TOME PREMIER.

Vie de Molière................Page 1
L'Étourdi,........................ 13
Le Dépit amoureux.............. 99
Les Précieuses ridicules........177
Sganarelle......................213

FIN DE LA TABLE DU TOME PREMIER.

www.ingramcontent.com/pod-product-compliance
Lightning Source LLC
Chambersburg PA
CBHW070523170426
43200CB00011B/2300